イェレナと学ぶ

セルビア料理

イェレナ・イェレミッチ

ぶなのもり

The health comes from the spoon
スプーンが健康を連れてくる

　1985年、東欧ドナウ川のほとりにあるベオグラードで私は生まれました。そこはかつての偉大な国、今はもう存在しない旧ユーゴスラヴィアの首都です。

　セルビア人の父とモンテネグロ人の母の間に生まれた私は、多くのセルビア人がそうであるように、祖父や祖母と多くの時間を過ごして育ちました。父方、母方どちらの祖母もとても料理上手で、私は赤ん坊の頃から、ハイハイをしながら、料理をする祖母の足元にまとわりついていました。今でも覚えています。ギバニツァ（バルカン地方のチーズパイ）を焼いている祖母にまとわりついて、「あっちに行きなさい。やけどしちゃうわよ！」と言われても、私は「いやだ、おばあちゃんと一緒にここにいたいの！」と言って聞きませんでした。毎日オーブンから漂ってくる焼きたてのパイやパン、手作りのスープ、肉や野菜の香ばしい匂い……、私の子ども時代の思い出のすべてです。

　高校生になった頃、両親は仕事で忙しく、家族で温かい食事を囲む時間が少なくなりました。私が料理を本格的に始めたのはそんな頃です。成長するにつれ、香辛料と肉を中心としたセルビアの田舎料理を祖母から習いました。食材はすべてオーガニック。祖父母の農場で育てたものです。

　祖母は世界でいちばんおいしいチキンスープを作ります。私はいつも「おかわり！」と言って、祖母はそのたびに胸を傷めていたそうです。「将来、この子にいったいどんなダイエットをさせたらいいのかしら」と。祖母は健康的な料理—たくさんの野菜、牛乳、自家製ヨーグルトを使った料理を作ってくれました。祖母の料理は、本当においしいのです！　そして、私にとってキッチンは、みんなをひとつのテーブルに集めることができる魔法のような場所でした。

　そんなおばあちゃんの口癖は「The health comes from the spoon 〜スプーンが健康を連れてくる」。人が健康であるためには、何より家庭料理が大切だという意味です。この言葉は祖母が亡くなった後も、私のポリシーとしてずっと心に留めています。

1990 年にユーゴスラヴィアで内戦が始まり、私が生まれた国は激動の時代を迎えます。私がベオグラード大学でイタリア語とイタリア文学の研究をしていた頃、国はまだ復興のさなかでしたが、たびたびイタリアに足を運んでいました。イタリアは地理的にアドリア海の向こう、フェリーの定期便を使って行くことができます。そこでイタリア料理の素晴らしさに刺激を受けます。

　そして私に最も影響を与えたのは、20 歳の頃に出会ったギリシャ人の夫です。彼は私の料理に地中海の香りを運んでくれたのです。私はギリシャ語を覚え、彼の愛するお母さんの助けを借りて伝統的なギリシャ料理を学びました。ギリシャ中を二人で旅しながらレシピを集め、豊かな自然と健康的な地中海料理に魅せられて、ますます料理への探究心が深まりました。

　そして 2009 年。私は夫の仕事の関係で日本にやってきました。日本に来て驚いたことは、私の国「セルビア」があまり知られていないことでした。ほとんどの人は場所さえ正確にわからず、知っていたとしても紛争や NATO の空爆などのイメージがつきまとっていました。

　私は、セルビアやバルカンの国々の本当のよさを知ってもらいたいと思い、住まいである麻布のアパートメントの小さなキッチンで料理教室を開くことにしました。バルカン料理のファンは年々増えていき、2014 年からはセルビアやバルカンのさまざまな地方に出向き、その土地の食を知り、料理をし、味わうクッキングツアーも開催しています。

　私にとって料理を教えたり、故郷の味を自分でも楽しんだりすることは、いつでも「home」を思い出させてくれるものです。料理は国の真の姿を伝える一手段として大きな力があります。また、国境を越えてなお共通する「食事」の大切さを分かち合うことに意義があると感じています。

　自然と繋がること、愛を示すこと、文化を紹介し、皆をひとつにできるもの、料理は私にとってそういうものです。

Licitar heart

　最後にいちばん重要なことについてお話ししたいと思います。
カバー写真の赤いハートは「リツィデルスコ・スルツェ」。砂糖でコーティングされたクッキーで、もちろん食べられます。バレンタインの時に女の子にプレゼントをします。旧ユーゴスラヴィア時代のお土産といえばこれでした。これからも心から料理をし、あなたの人生に素敵なおもてなしをしたいと思います。

　この本では、祖母から教わったセルビアの家庭料理、お祝いの伝統料理、料理教室で人気だったメニュー、クッキングツアーで体験したバルカン各地のレシピなどをご紹介します。これらのレシピの中で、きっとあなたは遠く離れたバルカンの心を、近くに感じることでしょう。

　私の国のほんとうの魅力が料理を通してみなさんに伝わりますように。

　ようこそ、バルカンへ！

イェレナと学ぶ セルビア料理
CONTENTS

The health comes from the spoon 〜スプーンが健康を連れてくる ── 2

セルビアの朝ごはん ──────────────── 7
● ポガチャ……8　● カチャマク……9　● ギバニツァ……10
●【コラム】The countries' culture as a rainbow 〜文化は虹のように変化していくもの……12

サラエヴォからこんにちは！ ──────────── 13
● ブレク……14　● ベゴヴァ・チョルバ……15　● チェヴァピ……16　● ソムン……17
● トゥファヒエ……18

待ちに待った春！ ──────────────── 19
● スイバのサルマ……20　● 春のサラダ……21　● ホウレンソウのパイ……22
● モスクワ・シュニット……23

正教会修道院のメニュー ──────────── 25
● エリョプゾーモ……26　● 魚のスープ……27　● ヒヨコ豆のパテ……28
● 地中海のいかめし……29　● 聖ファンウリオスのケーキ……30

夏のドナウ川より ──────────────── 31
● カティツァさんのクグロフ……32　● リブリャ・チョルバ……33　● ピヤニ・シャラン……34
● ゴンボッツェ……35
●【コラム】青空市場！……36

陶器の村ーズラクサ（Zlakusa）の秋 ──────── 37
● アイヴァル……38　● プロヤ……39　● 結婚式のキャベツ……40　● サワーチェリーケーキ……41
●【コラム】セルビアの調理器具……42

セルビアのカファーナ   43

● ペチェナ・パプリカ……44　　● ウルネベス……45　　● カラジョルジェヴァ・シュニッツラ……46
● ショープスカ・サラータ……47　　● オラスニツェ……48

スラヴァ（家の守護聖人の日）のごちそう   49

● スラヴスカ・ポガチャ……50　　● ルスカ・サラータ……51　　● テレチャ・チョルバ……52
● サルマ……54　　● バヤデーラ……56
【コラム】Živeli ジヴェリ〜乾杯……53

おばあちゃんのセルビア料理   57

● ピレチャ・スーパ……58　　● 皇帝のパイ……59　　● プニェネ・パプリケ……60
● パラチンケ……61
【コラム】おばあちゃんとの思い出……62

アドリア海の宝   63

● ブロデット……64　　● フージ……65　　● ポティツァ……67
【コラム】イストラの名産トリュフ / アスパラガスの魅力……65

ギリシャのメゼタイム   69

● ホリアティキ……70　　● ザジキ……71　　● ハルーミ……72
● メリサノサラタ……73　　● ムサカ……74
【コラム】Cooks, the treasurers of generations and collectors of tastes...……76

ティトー大統領のディナー   77

● セロリのクリームスープ……79　　● ティトー大統領のアップルパイ……80
● ジャクリーンのマッシュルーム……81　　● レスコヴァッツ風肉だんご……82
【コラム】White Lady for Jovanka 〜ティトーとヨヴァンカの物語……78

天才テスラの食事の秘密   83

● リカ地方のドーナツ……85　　● 丸ごとセロリアック　マッシュルームソースと丸麦を添えて……87
【コラム】テスラの生い立ち / テスラの若さと健康の秘密 / テスラの朝食……84
　　　　　テスラの夕食……86

セルビアの味を彩る調味料……88　　あとがき……89

ハンガリー

スロヴェニア
● リュブリャナ　　● クムロヴェッツ

● ザグレブ

イストラ半島

クロアチア

リカ地方

サヴァ川

ノヴィ・サド
● ヴォイヴォディナ

スレムスキ・
カルロヴツィ

ゼムン
●
ベオグラード
ルーマニア

● スミリャン

ボスニア・ヘルツェゴヴィナ

セルビア

スメデレヴォ
●

ダルマチア地方

サラエヴォ
●
ズラクサ
●

ドナウ川

ニシュ
●
ノヴィ・パザル
●
レスコヴァッツ
●

モンテネグロ

ショーブルク
地方

ブルガリア

アドリア海

マケドニア

イタリア

アトス山

ギリシャ

Доручак у Србији
セルビアの朝ごはん

　セルビアでも1日は朝食で始まります。そして、セルビアの朝食にパンは欠かせません。

　都会では、オムレツ、サンドウィッチ、トースト、オートミール、パンなどをバターやカイマックなどと一緒にいただきます。パン屋さんで朝食を取るのも一般的です。

　パンだけではなく、惣菜パンや菓子パンのようなペストリーも種類が豊富です。クロワッサン、パイ、ベーグルなどと並んで、バルカン地方ならではのユニークなものも売られています。たとえばブレク。ブレクは肉、チーズ、ジャガイモ、マッシュルームなどいろいろなものをフィロと呼ばれるイースト不使用のパイ生地に詰めた東洋風の食べ物です。ギバニツァもまたこの地方の伝統的なペストリーです。

　ヨーグルトはペストリーとセットで朝食に出てきます。セルビアのヨーグルトはドリンクタイプで、プラスチックの容器に入っています。

　ほとんどの家庭では、夏の終わりに季節の果物でジャムを作ります。そして、缶詰やピクルスなどと一緒に貯蔵庫で保存し、冬の間に消費します。セルビアの冬は、気温が低いために新鮮な果物や野菜が手に入らず、こうしたジャムが重用されます。

　田舎では朝食にトウモロコシ粉や小麦粉、ソバ粉と乳製品（卵、フレッシュタイプの白いチーズ、カイマック）でカチャマクを作ります。農家の人々には、一日中働きつづけることができ、夕食までの間エネルギーを蓄えておける強い体を作る朝食が必要です。都会の子どもたちは、翌日まで食べられるくらいの量の朝食を見てショックを受けることでしょう！

Доручак у Србији

レシピ1：
ポガチャ
Pogača
土鍋で焼くセルビアのパン

バルカンの人々はパンを生命の源だと考えています。ポガチャは丸形のパンで、名物料理であり、お祝いの場面などでいただく儀礼食でもあります。そのままで食べたり、プロシュート、チーズ、カイマック、バターやジャム、はちみつなどを付けて食べたりもします。内戦中は食べものを手に入れづらかったため、家で作っていたものですが、現在は毎朝パン屋さんで買えるようになりました。セルビアにはたくさんの種類の穀物があります。一般的にポガチャは小麦で作られますが、トウモロコシ、ソバ、オート、ライ麦、スペルト小麦などで作られることもあります。

●材料（パン1切れ/8人分）
薄力粉：400g
イースト：1g
塩：8g
ぬるま湯：300〜320ml

●作り方
①大きなボウルに薄力粉を入れる。中央にくぼみを作り、イーストと塩を加える。ぬるま湯を少しずつ加えて、フォークで混ぜる。こねない。ボウルにラップをかけ、室温で12〜16時間（もしくは一晩）置くと、約2倍程度に膨らみ、柔らかく弾力性のあるパン生地になる。

②パン生地の表面全体に薄力粉を振りかけ、広げた薄力粉の上に置く。もう一度、生地に薄力粉で打ち粉をし、打ち粉をした手で生地を押して四角形に広げていく。洋封筒のように生地の四隅を中に折りこむ。

③薄力粉を振ったクッキングシートを敷き、その上に折り曲げた面を下にして生地を載せる。湿ったタオルで覆い、もう1時間寝かせる。

④蓋をした土鍋をオーブンに入れ、250度にまで温める。熱くなった鍋にクッキングシートを敷き、折り目を上にして生地を載せる。蓋をして250度で30分焼く。蓋を外してさらに20分焼き、焼き色を付ける。

⑤土鍋から出したパンはタオルで覆い、台の上で冷ます。

> セルビアでは食べ物を大切にする習慣があります。なかでもパンは特別です。私のおばあちゃんはパンを床に落としたらキスをして食べるのです。固くなったパンの調理法もさまざまです。

Доручак у Србији

レシピ2:
カチャマク
Kačamak
コーンミールとチーズの一皿

セルビアに行ったらぜひ田舎を訪れてください。カチャマクはシンプルな田舎風の朝食です。都会でも食べることはありますが、絶対に家庭で作る一品です。ミルクやヨーグルト、チーズ、カイマックをかけ、ベーコンを添えて出したりします。農家の人たちの間では、朝に家を出てから日が落ちるまで、昼食を食べずに畑仕事ができるほどの栄養食だと言われています。私が主催するクッキングツアーでも農場を訪れ、皆でこの朝食を作りました。その農家の人が祖父母から受け継いだという木製のストーブ（スメデレヴァッツ 42ページ参照）を使い、野外で調理しました。

●材料（2人分）
水：500ml
ホワイトコーンミール：250g
※なければイエローコーンミール（ポレンタ）でも可。その場合、水とは4：1の割合で
無塩バター：20g
塩：小さじ1/2
ベーコン：100g
フェタチーズ：付け合わせに
※カッテージチーズやカイマック、クロテッドクリームでも可

●作り方
①大きな鍋に水を入れて沸かし、塩を加える（お湯が沸騰する前に塩を加えれば沸点が高くなり、長く沸騰させつづけることができる）。

②鍋のお湯の中に、吹きこぼれないように少しずつコーンミールを加えながら、中火で20分ほどかき混ぜつづける。

③深い鍋に②を移して少し冷まし、かたまりが残らないようにミキサーにかける。

④ベーコンは刻んだものを、フライパンで3分ほど炒めておく。

⑤皿に盛り付け、ベーコンを振りかける。食べる直前にバターを加え、添えたフェタチーズと一緒に召し上がれ。

カイマックはバルカンならではの乳製品で、クロテッドクリームに似ています。牛乳をゆっくり熱してできた被膜をすくい、その被膜を数日かけて発酵させます。カチャマクにかけて食べることもあります。

Доручак у Србији

レシピ3：
ギバニツァ
Gibanica
バルカンのチーズパイ

ギバニツァはセルビア、マケドニア、ブルガリア等、バルカンの料理で最も広く愛されている料理のひとつです。家庭で作るフィロ生地は、一般的に市販されているフランス製のものより少し厚めで、新鮮なチーズ、カイマック（クロテッドクリーム）、卵を詰めて焼いたものです。ギバニツァには「レイヤードスタイル」「しわくちゃスタイル」の2種類があります。ヨーグルトと一緒に朝食として、また祝祭日のランチやディナーの前菜として登場します。ギバニツァが焼ける匂いは、セルビア人にとって子ども時代を思い出させてくれるものです。

●材料（8人分）
フィロ生地：500g
卵（小）：5個
カッテージチーズ：300g
※フェタチーズ、マスカルポーネチーズでも可
カイマック：150g
※クロテッドクリームでも可
ひまわり油：200g
※他の植物油でも可
炭酸水：200ml
ベーキングパウダー：5g
塩：チーズの塩加減に合わせてお好みで

●作り方
①冷凍のフィロ生地を使う場合は、使用する前日には冷凍庫から冷蔵庫へ移しておく。フィロは室温の変化にとても敏感で、1枚ずつはがすさい、破けてしまうことがあるので注意。

②大きなボウルに卵を割り、泡立つまで約2分間かき混ぜる。

③別のボウルにチーズとカイマックを入れ、へらかミキサーでよく混ぜる。チーズの塩加減をチェックして、加える塩の量を考えておくとよい。

④それから②と③を合わせ、さらに混ぜる。そこへ炭酸水、油、ベーキングパウダーを加え、混ぜる。ここで塩を調整する。

⑤オーブンを200度に予熱しておく。

⑥28cmほどの丸い耐熱皿に油を引いて、フィロ生地を2枚重ねて置く。

※このレシピはしわくちゃスタイルです。

Доручак у Србији

⑦残りのフィロ生地をしっかり④に滲み込ませる。それをくしゃくしゃに丸めてボール状にし、耐熱皿にまんべんなく敷き詰めていく。2枚のフィロ生地は蓋用に取っておく。

⑧最後に残しておいた2枚の生地を上に載せ、ハケで油を塗る。端を十分に押し込んで、オーブンの中央に置く。

⑨オーブンの強さにもよるが、200度で40〜55分ほど、いちばん上の生地がこんがり焼けるまで焼く。オーブンの中に入れたまま扉を開けて10分冷ます。その後、オーブンから取り出し、水を振りかけ、キッチンタオルで覆ってさらに10分冷ます。

⑩よく冷えたヨーグルトと一緒に、温かいうちに召し上がれ。

Доручак у Србији

The countries' culture as a rainbow ～文化は虹のように変化していくもの

　バルカン半島の内陸に位置するセルビアは、古代から多くの民族が移り住み、東西ヨーロッパ、中東、地中海の文化が共存する稀な場所のひとつです。多くの民族が織りなす複雑な歴史の中で、さまざまな文化が重なりあっています。それが最も顕著に現れるのが食文化。セルビアは多様性に富んだ、独特の食文化を育んできました。

　「国境なんて私たちが頭の中で引いた、想像上の線にすぎない」。私が東京・麻布の料理教室でバルカンの食文化を説明するとき、かならず生徒さんに言っていたことです。国境をまたいだ瞬間に文化も変わるというのはあり得ません。でも、生徒さんたちはそのように捉えがちです。日本は島国で国境が同時に文化の境目にもなっているからです。たとえば、「セルビアとハンガリーでは文化も料理も全く違う」と私の生徒さんは想像します。ハンガリーはセルビアの北隣りで、確かに国境で分けられています。でも、ヨーロッパの中に引かれているたくさんの国境を、一度頭の中で消してみてください。ヨーロッパはひとつの大きな地域になります。

　「完全に同じ」とか「完全に違う」とか、そういう考えは意味を成さなくなります。国境をまたいでもすぐに文化は変わらず、虹のようにゆっくりと少しずつ変化しています。食文化においても、その土地で採れるもので少しずつ味や見た目を変化させながら、似たようなものが違う名前で存在しています。バルカン半島、ヨーロッパはきわめて似た文化を共有しているということも、この本を通して感じとってもらえたらうれしいです。バルカン各地で受け継いでいる伝統の味と文化を感じてほしいと思います。

Поздрав из Сарајева
サラエヴォからこんにちは!

　ボスニア・ヘルツェゴヴィナの首都サラエヴォは宗教と民族が多様に混ざり合って文化が形成されている街です。4つの主要な宗教の教会が 200m 以内にある都市は世界でも珍しいでしょう。

　料理においても、500 年以上に渡るオスマン帝国の支配によって、地中海と東洋が強く結びつき、とてもユニークです。ボスニアといえば、バルカンでは手作りのフィロで作られたパイやケバブが有名です。それらには、イスラムのハラールの必要条件に見合った子羊や牛が使われています。

　甘い物も忘れてはいけません。あなたがサラエヴォを訪れた折には、ぜひ東洋風のペストリー、バクラヴァ、トゥルンバ、トゥファヒエを試してみてください。

　そしてオスマン帝国の影響が色濃く残る旧市街のバシュチャルシヤを散歩して、トルココーヒーを飲むことも忘れないでください。

Поздрав из Сарајева

レシピ4：
ブレク
Burek
バルカン風うずまきパイ

ブレクはサラエヴォで特別有名な食べ物です。バルカンの国々ではたいてい朝食や軽食として登場するパイで、ドリンクタイプのヨーグルトと一緒にいただきます。焼きたては外がパリパリで中はモチモチ。具はチーズ、ひき肉、ホウレンソウ等さまざまです。サラエヴォでもそうですが、旧オスマン帝国の国々ではそれぞれのお店が何代にも渡って古いレシピを大切に受け継いでいます。ニシュというセルビアの都市では、毎年8月にブレクフェスティバルが開催されます。パン屋さんが集まり、訪れる人々のために大きなブレクを作ります。

●材料（4～6人分）

〈生地〉
強力粉：400g
水：250～300ml
塩：大さじ1

〈具・ひき肉〉
ひまわり油：200ml
※他の植物油でも可
合びき肉：300g
※牛・豚・羊をお好みで
玉ねぎ：1個 ※みじん切り
※皮をむき、表面が茶色になるまで数分間グリルで焼くと味がいっそうよくなる。
にんにく：1片
※みじん切り
イタリアンパセリ：1カップ
※みじん切り
ヴェゲタ：大さじ1
※なければコンソメ粉末
※巻末参照
塩コショウ：少々

〈具・チーズ〉
カッテージチーズ：230g
フェタチーズ：460g

●作り方

①強力粉と塩をあわせ、水を少しずつ加えながらボール状にまとめる。

②生地を4分割し、平たい円形にする。生地にまんべんなく油（分量外）を塗り、30分ほど寝かせる。

③生地を寝かせている間に具を作る。ひき肉を炒め、火が通ったらにんにくと玉ねぎを入れて炒め、玉ねぎがしんなりしたら、イタリアンパセリを入れてさらに炒める。バルカン独特の調味料ヴェゲタ、塩、コショウを入れ、濃いめの味付けに。

④生地を1つ取り出し、穴が開かないように注意しながら、指が透けて見えるくらいになるまで手で薄く拡げていく。

⑤右端を1回折り、左側に③を縦に置き、包みながら右から2回くるりと巻く。また左側にひき肉を縦に置き、2回くるりと巻くの繰り返し。棒状の生地を作る。

Поздрав из Сарајева

レシピ5：
ベゴヴァ・チョルバ
Begova čorba
族長のスープ

ベグ（英語ではBay）とはオスマン帝国の各地の族長を指す言葉で、このスープのレシピはオスマン帝国時代にまで遡ります。言い伝えでオクラは自然の強い媚薬として考えられており、族長のインポテンスの治療に使われていたそうです。のちにこのスープは、すべての貴族の食卓に乗るようになり、特別な祝祭イベントの間、複数の妻がいる男性からはとくに重用されていたようです。

●材料（6人分）

ひまわり油：50ml
※他の植物油でも可
鶏もも肉：300g
※賽の目切り
牛肩肉：200g
※賽の目切り
鶏ガラスープ：1.5L
玉ねぎ：1個
にんにく：1片
ニンジン：100g
セロリ：50g
イタリアンパセリ：大さじ1
※みじん切り
ディル：大さじ1 ※刻んだもの
オクラ：100g
※さやいんげんでも可
ローリエ：1枚
プレーンヨーグルト（無糖）：100ml
卵黄：2個分
塩：小さじ1
黒コショウ：小さじ1/2
レモン汁：1/2個分

●作り方

①お湯にオクラを浸し、脇によけておく。

②厚く深い鍋で油を熱する。油に煙がたつ直前に鶏もも肉と牛肩肉を入れ、塩を加える。すべての面に焼き色が付くまで5分ほど炒めたらボウルに移しておく。

③同じ鍋に玉ねぎ、にんにく、ニンジン、セロリのみじん切りを加え、10分ほど軽く火が入るまで炒める。鍋に②を加え、鶏ガラスープを注ぎ、ローリエ、塩、黒コショウを加える。肉に完全に火が通り、鶏が骨からはがれはじめるまで20分くらい中火で煮る。

④オクラを③に加え、さらに5～10分煮る。レモン汁と、お好みで塩を加える。火から下ろし、少し冷ます。

⑤卵黄にヨーグルトを加えてよくかき混ぜ、スープに加える。

⑥イタリアンパセリ、ディルを振りかける。テーブルに並べるまで10分程度置いて冷ます。

Поздрав из Сарајева

レシピ6：
チェヴァピ
Ćevapi
ケバブ

バルカンではチェヴァピを家で作ることはまれで、レストランや街のファーストフードで楽しむ食べ物です。レシピは国によってそれぞれ違い、セルビアでは豚肉や牛肉が、イスラム教徒が多く暮らすボスニアでは羊の肉が使われます。なかでもサラエヴォ風はおいしいと評判で、有名チェヴァプジニツァ（チェヴァピを売る店）は何代にも渡ってレシピを明かしていません。ただ、前日から仕込む時間がありさえすれば、家でもおいしいチェヴァピを作れます。サラエヴォ式のピタ（パンの一種）はソモンと呼ばれ、新鮮な玉ねぎのみじん切りやカイマック等と一緒にいただきます。お肉が大好きな人ならやみつきになること間違いなしです。

●材料
牛ひき肉：1kg
※ネックか肩。脂肪分10%のものを二度挽きする。
水：50ml
にんにく：2片 ※すりつぶす
塩：小さじ1
黒コショウ：小さじ1/3
重曹：小さじ1/2
パプリカパウダー：小さじ1/4
玉ねぎ：1/2個※みじん切り
カイマック：お好みで

●作り方
〈1日目〉
①金属の鍋にひき肉を入れる。

②小さな鍋に50mlの水を注ぎ、重曹、塩、コショウを加えてよく混ぜる。すりつぶしたニンニクを加え、3分火にかける。少し冷まして、①に混ぜ合わせ、パプリカパウダーを加える。ラップをかけて一晩冷蔵庫で寝かせる。

〈2日目〉
③冷蔵庫から②を取り出し、10～15分間ほど手でこね、かたまりにする。肉がバラバラにならないようによくこねることがとても重要。まず少しだけ肉を取りだして、10～15センチの長さのソーセージの形に丸めてみれば、十分にこねられているかどうか確認できる。つまんでみて2つに割れたりしなければ大丈夫。

④室温に4時間ほど置き、また冷蔵庫に戻す。冷蔵庫内なら2日くらいじっくり置いてもよい。

⑤重曹を④に混ぜ、さらに5分こねる。弾力が出て、ふわふわになる。

⑥2.5cmの口の絞り袋を使い、長さ15cm程度のソーセージ形にする。空気が入らないよう、十分に肉を押しながら絞り出すのがポイント。

⑦グリルか鉄板を温め、茶色になるまですべての面を1分間、2回焼く。火が強すぎて肉が燃えたり、火が弱すぎて水分が出たりしないように、火加減をしっかり確認する。焼いている間、油をハケで塗って乾燥するのを防ぐ。

⑧ソモン（次ページ参照）の中に挟む。みじん切りした新鮮な玉ねぎとカイマックを添え、温かいうちにどうぞ。

Поздрав из Сарајева

レシピ7:
ソムン
Somun
サラエヴォ風ピタパン

ソムンは小麦粉で作られるピタやトルティーヤのようなものです。オスマン帝国から受け継がれ、ボスニア、セルビア、ギリシャ等、オスマン・トルコ帝国の支配下にあったバルカンの国々に見られます。普通はパン屋さんで買いますが、家庭で作ることもあります。その場合いちばん大変なのは、内側と外側の焼き具合が均等になるように火加減やパン生地を調整することです。ボスニアではサラエヴォ、セルビアではノヴィ・パザルがソムンで有名な都市です。

●材料（5〜6切分）

強力粉：250g
※打ち粉としても使用

コーンミール：適量

砂糖：10g

塩：3g

ドライイースト：4g

ひまわり油：大さじ2
※他の植物油でも可
※ハケで塗る時にも使用

ぬるま湯：150ml

●作り方

①強力粉、塩、イースト、砂糖をボウルに入れる。油とぬるま湯を加え、生地がボウルから離れるまで軽く練る。温かい場所に30分ほど置いて、発酵させる。

②5つか6つに①を分け、厚さ5ミリ、20〜25cm大の円形にする。

③コーンミールを軽くまぶした後、さらに5分ほど置き、発酵させる。

④フォークの歯、もしくはパイ皮切りで③に十文字の切れ目を入れる。完全に切り離してしまわないように注意すること。

⑤フライパン（できれば焦げ付かないタイプのもの）に油を引き、④を乗せたら表面に十分熱が回るように蓋をする。両面を強火でそれぞれ3分程度、ところどころ焼き目が付く程度に焼く。完全に焼いてしまわないこと。

⑥フライパンから下ろしたら、すぐ密閉容器に移し、湿度を保つ。完全に冷めたら、網か鉄板、もしくは温めたオーブンでもう一度焼く。

Поздрав из Сарајева

レシピ8：
トゥファヒエ
Tufahije
ボスニア風焼きリンゴ

甘ずっぱい焼きリンゴにメレンゲやナッツを飾り、シロップをかけ、甘いクリームを乗せたデザートです。ボスニアでとても人気がありますが、東洋が発祥です。東洋のデザートはたいていとても甘く、シンプルでお手頃です。
かつてケルトの人々は、東はユーゴスラヴィアやルーマニア、西はフランスやスペインにまで移動しました。彼らは「リンゴ」を神々の食べ物とし、リンゴの木片は恋愛成就のお守りとして大切にされていました。たわわにリンゴがなる季節に、このデザートをご紹介したいと思います。

●材料（4人分）
リンゴ：4個
水：250ml
レモン汁：小さじ1/2
グラニュー糖：250g
クルミ：70g ※砕く
ヘーゼルナッツ：50g ※砕く
レモンの皮：1切れ
シナモン：3g
牛乳：小さじ1
ホイップクリーム：飾り用

●作り方
①リンゴの皮をむき、芯を抜く。

②深い鍋に①とひたひたの水を入れ、レモン汁と砂糖を加えて約10分間、形が変わらない程度に柔らかくなるまで煮る。鍋からリンゴを取り出して冷まし、煮汁は取っておく。

③クルミ、ヘーゼルナッツ、レモンの皮、シナモン、牛乳を混ぜる。

④リンゴを③にくぐらせる。

⑤深めの小皿に④を入れて、煮汁のシロップを注ぎ、ホイップクリームで飾りつける。

ユーゴスラヴィアが紛争で解体した時、まだ子どもだった私は、この素晴らしいデザートを忘れてしまうところでした。これはかつてユーゴスラヴィアの一部だったボスニアに住む友人のシェフから「ぜひ日本で教えてほしい」と言われた大切なレシピです。

18

Пролеће је дошло!

待ちに待った春！

　バルカンの地に住む人々にとって、春はいちばん幸福な季節です。長くどんよりした冬が終わりを告げ、太陽が顔を出し、ふたたび自然を彩ってくれます。
　新鮮なフルーツや野菜を使って料理をする楽しみもやってきます。ホウレンソウ、レタス、新玉ねぎ、ルッコラ、ケール、ラディッシュなど、市場には葉物野菜が登場します。
　甘く熟したイチゴが安く簡単に手に入ることも楽しみのひとつです。私のお気に入りは、農場で作られたイチゴではなく、美しい森でひっそりと育ったこの写真のようなワイルドストロベリーです。
　ああ！　それから忘れてはいけません。カフェやレストランは、オープンエアに席を作りはじめます。人々は屋外に座って、お気に入りのコーヒーやランチを味わいながら、いつまでも春の太陽を楽しみます。
　春の日、万歳！

Пролеће је дошло!

レシピ9：
スイバのサルマ
Sarmice od zelja
葉野菜で具を巻いた料理

サルマ、ドルマ、ドルマダキア、ロールキャベツ、ゴウォンブキ等、緑の葉物野菜で具を巻いた料理には、それぞれの地方での呼び方があります。スイバ、キャベツ、スイスチャード、ルバーブ、ブドウの葉などが使われ、中身には肉、米をはじめ、ハーブやナッツ、ドライフルーツ等、その時々で手に入るものが詰められます。セルビアでは春になるとスイバが採れ、この料理が食卓に登場します。長くどんよりした冬の後に春が来たことを国中で祝い、楽しみます。この料理は前菜にもメインディッシュにもなりますが、肉の代わりに松の実等のナッツ類やレーズン等のドライフルーツが使われることもあります。

●材料（4〜5人分）
スイバの葉：20枚
※キャベツ、スイスチャード、ルバーブ、ブドウの葉でも可
牛豚合びき肉：500g
玉ねぎ（大）：1個
※みじん切りし、塩をまぶして10分ほど置いたもの
セロリの茎：1/4
※皮を向いてみじん切り
米：40g ※洗っておく
豚バラ肉の燻製（骨つき）：250g
ラード：大さじ1
※または植物油50ml
塩：小さじ1
コショウ：小さじ1/4
パプリカパウダー：小さじ1/2

●作り方

①小さな鍋に、米と120mlの水を入れる。火にかけて沸騰させる。途中で蓋をして、残りの水を米に吸収させる。

②重めの深い鍋でラードを熱し、玉ねぎとセロリを加え、半透明になるまで炒める。ひき肉を加え、木製のへらで肉の色が変わりはじめる程度まで軽く炒める。火から下ろし、①と塩、コショウ、パプリカパウダーを加え、よく混ぜる。

③スイバの葉をよく洗い、茎から外す。鍋に入れ、沸騰したお湯を注ぐ。柔らかくなるまで蓋をして数分置く。

④葉を1枚ずつ取り出し、裏側を上にする。②をスプーンですくってそこに乗せ、葉の左右を折り込んで、上下にくるくる巻き、ロールの形にする。

⑤鍋に④をぎゅっと敷き詰めていく。その上に骨つき豚の燻製を乗せる。水をひたひたに注ぎ、ロールが持ち上がらないように皿を乗せ、その上に重しを置く。

⑥沸騰したら火を弱め、45分ほど煮る。蓋をして、鍋から水が蒸発しないようにすること。ヨーグルトを添えて、温かいうちに召し上がれ。

Пролеће је дошло!

レシピ10：
春のサラダ
Prolećna salata
新鮮野菜のドレッシングがけ

春のサラダはこの季節に新鮮な野菜が採れる喜びを味わえる一品です。セルビアでは、春はゆっくりやってきて、すぐに終わってしまいます。だからこそ必要なビタミンを摂る貴重な機会でもあるのです。新鮮なレタス、新玉ねぎ、ホウレンソウ、ラディッシュ、ディルがピクルスにとって代わります。そして、ふたたびマーケットを彩り豊かにしてくれるのです。レシピはとくに決まっていません。この季節に入手可能なものならなんでもミックスして、ドレッシングをかけて、さあ楽しみましょう！

●材料（4人分）

レタス：1玉
※よく洗い、小さく切る

新玉ねぎ：2個 ※みじん切り

ラディッシュ：4～5個
※薄くスライス

ディルの葉：大さじ1
※刻んだもの

〈ドレッシング〉

アップルビネガー：大さじ2
※白ワインビネガーでも可

ひまわり油：大さじ1
※他の植物油でも可

塩コショウ：お好みで

●作り方

①レタス、新玉ねぎ、ラディッシュ、ディルをボウルに入れ、よく混ぜる。

②別の小さなボウルにひまわり油、ビネガー、塩コショウを入れ、十分になめらかになるまでフォークで混ぜる。ドレッシングのできあがり。

③ドレッシングを①にかけ、野菜がしんなりしてくる前に、召し上がれ。

Пролеће је дошло!

レシピ11
ホウレンソウのパイ
Pita sa spanaćem

チーズとホウレンソウを
使ったバルカン風パイ

このパイはホウレンソウを歓び楽しむような料理で、冬の間不足していた太陽とビタミンを取り戻す春のパワーフードです。今のところ、世界中のパイの中で私のいちばんのお気に入りです。バルカンのほとんどの地域で食べられていますが、使うチーズはさまざまです。ギリシャではフェタチーズ、セルビアでは牛のフレッシュチーズを使います。フィロ生地は市販のものを使いますが、情熱的で腕のいいコックさん―つまりお母さんやおばあちゃんが家庭で作ることもあります。

●材料（12切）

オリーブオイル：120ml
フィロ生地：500g
ホウレンソウ：1kg
※刻む
新玉ねぎ：1カップ
※みじん切り
ディルの葉：15g
※刻む
イタリアンパセリ：1/2カップ
※刻む
フェタチーズ：250g
※砕いたもの
カッテージチーズ：250g
卵：2個
牛乳：大さじ4
無塩バター：大さじ4
※溶かす
塩コショウ：お好みで

●作り方

①冷凍のフィロ生地を使う場合は、使用する前日には冷凍庫から冷蔵庫へ移しておく。

②オーブンを180度に予熱する。焼き型にはオリーブオイルを塗っておく。

③ホウレンソウを茎から外し、細かく切る。5分ほど茹で、絞って水気を切っておく。

④ボウルにホウレンソウ、玉ねぎ、ディル、イタリアンパセリ、細かくしたフェタチーズ、水気を切ったカッテージチーズ、1個分の溶き卵、溶かしバターを合わせ、コショウで風味をつける（フェタチーズを使う場合は十分に塩分があるので、塩は足さなくてよい）。

⑤フィロ生地を焼き型に敷き、はみ出る部分は適当に折ってしまい込む。オリーブオイルを表面に塗り、次のシートを積み重ねていく。オリーブオイルはすべてのシートの表面に塗る。シートを半分使ったら、③を均等に詰める。さらに残ったフィロ生地を、オリーブオイルを塗りながら上に重ねていく。いちばん上に乗せるフィロ生地には12等分の切り込みを入れ、上から牛乳と1個分の卵を混ぜ合わせて注ぐ。

⑥オーブンに入れ、こんがりするまで1時間焼く。温かいうちにどうぞ。冷めてもおいしく食べられます。

Пролеће је дошло!

レシピ 12：
モスクワ・シュニット
Moskva šnit
モスクワホテルの
名物ケーキ

もしあなたがベオグラードでおいしいケーキが食べたくなったら、ぜひモスクワホテルに行ってみてください。そこは唯一無二のケーキが生まれ、愛されてきた場所です。モスクワホテルは詩人、芸術家など、歴史上の文化人が過ごした場所です。ノーベル文学賞を受賞したイヴォ・アンドリッチもこのホテルの美しい庭で多くの時間を過ごしました。街の中心に位置する象徴的なこの建物は、ベオグラードのランドマークにもなっています。ベオグラードっ子はここで待ち合わせをします。私も日本に住んでいた頃はベオグラードに帰るたび、かならず両親とここを訪れました。これは、恐縮ながらモスクワホテルの名物ケーキを再現したレシピです。モスクワホテルの味を楽しんでみてください。

●材料（4 切分）
〈スポンジ〉
卵白：8 個
砂糖：大さじ 8
クルミ：大さじ 12 ※砕く
ヘーゼルナッツ：大さじ 2
※砕く
薄力粉：大さじ 2

〈フィリング〉
卵黄：8 個分
砂糖：大さじ 6
カスタードクリーム[※]：400ml
無塩バター：125g
サワーチェリー：200g
※ミックスベリーでも可
パイナップル（缶詰）：100g
ヘーゼルナッツ：60g
※炒ってみじん切り
生クリーム：200ml ※泡立てる

※カスタードクリーム
グラニュー糖：1/3 カップ
コーンスターチ：大さじ 3
塩：1 つまみ
牛乳：300ml
無塩バター：大さじ 1
生クリーム（脂肪分 35％以上）：100ml
卵黄（大）：2 個分
ピュアバニラエクストラクト
（バニラエッセンス）：小さじ 1

●作り方
〈スポンジ〉
①卵の卵白と卵黄を分ける。オーブンを 200 度に予熱する。

②卵白をボウルで軽く泡立てる。砂糖を加えて、ツノが立つまで混ぜる。

③薄力粉、クルミとヘーゼルナッツを②に加え、へらでやさしく混ぜ合わせる。

④トレイにクッキングペーパーを敷いて、③を注ぎ、端まで均等に広げる。オーブンに入れて 14 分間焼く。オーブンから出して完全に冷ましたら、トレイを逆さまにして、クッキングペーパーをはがす。

⑤端のでこぼこした部分を切り落とし、さらに 4 等分して、細長い長方形にする。

〈フィリング〉
①カスタードクリームを作る（次ページ参照）。

②別のボウルに卵黄と砂糖を入れ、淡黄色になるまで 5 分間ほど泡立たせる。

③カスタードクリームに②を合わせてよく混ぜる。それを二重鍋で弱火にかけ、とろみが付くまで数分間かき混ぜつづける。バターを加え、溶けるまでさらによく混ぜる。冷蔵庫で冷やす。半分は中身に使い、残り半分はデコレーション用に使う。

（レイヤー）
※積み重ねる直前に生クリームを泡立ててホイップクリームにする。
1 層目：スポンジ、フィリング、チェリー半分、ヘーゼルナッツ半分、ホイップクリーム
2 層目：スポンジ、フィリング、パイナップル半分、ホイップクリーム
3 層目：スポンジ、フィリング、残りのチェリー・パイナップル・ヘーゼルナッツ、ホイップクリーム
4 層目：スポンジ、残ったカスタードクリームとホイップクリームで飾り付ける。

23

Пролеће је дошло!

●作り方（つづき）
〈カスタードクリーム〉

①中くらいの小鍋（またはシチュー鍋）でグラニュー糖、コーンスターチ、塩を混ぜる。中くらいのボウルに牛乳、クリーム、卵黄を入れて一緒に泡立て、小鍋に加える。

②粘り気が出てくるまで中火〜強火で8分ほど、さらに弱火〜中火に火を落として1分間ほど泡立てつづける。

③耐熱ボウルにふるいを乗せたものを準備しておき、火から小鍋を下ろしたら、ふるいを通してボウルに注ぐ。バターとバニラエッセンスを入れ、しっかり混ざるまでよくかき混ぜる。

④表面が固くならないように、空気が入らないようぴったりとラップをかけて密封し、3時間以上（最大3日間）冷蔵する。取り出したら、なめらかになるまでかき混ぜてできあがり。

Ορθόδοξο μοναστικό μενού
正教会修道院のメニュー

　アトス山はギリシャ北部に位置し、エーゲ海の半島にそびえ立つ世界遺産にも登録された山です。ギリシャ共和国の領内ですが、アトス自治修道士共和国と呼ばれ、自治が認められています。東方正教会にとって、キリスト教カトリックのヴァチカンと同じ意味を持ち、祈りの中心となる場所だと考えられています。この地にはギリシャ、ロシア、セルビア、ルーマニア、ブルガリア等20の東方正教会修道院があり、小さな独立国家のようです。アトス山には信じられないほどの自然があり、建築物も美しく、世界最古の図書館が複数存在し、修道士が夢見る場所―多くの信仰者たちが人生で一度は訪れたい場所でもあります。

　そこに住む修道士たちは男性だけであり、「abaton（アバドン）」と呼ばれる戒律が1000年もの間、守られてきました。女性がこの半島に足を踏み入れることはありません。立ち入りが禁止されているのです。ただ、セルビアの女帝イェレナを除いては。彼女は1347年にヨーロッパを襲ったペストから逃れてこの地に来ました。教会の記録によると、彼女は担架で運ばれてきて、聖なる土地に足を付けていないとされています。

　私自身がこの場所に最接近したのは2012年夏、ギリシャ北部ハルキディキ半島へ旅をした時のことでした。半島の周りを船で回るツアーに参加すれば、立ち入ることを禁じられている女性たちでも、崖の上の教会群を眺め、写真を撮ることが許されています。

Ορθόδοξο μοναστικό μενού

レシピ 13：
エリォプゾーモ
Ελιόψωμο
修道院のオリーブ入りパン

パンは正教会でキリストの身体を象徴的に意味します。アトス山は自治州で、基本的に「輸入食」はありません。食べるものは自分たちで作ります。アトス山には修道士たちが作った酵母イーストや小麦粉で焼いたパンを置いているパン屋さんがあります。西暦 923 年以来、修道士はほぼ変わらず静かで厳格な暮らしをしています。1 日を 3 つに分け、8 時間祈り、8 時間働き、8 時間休みます。担当の仕事があり、パン作りはそのひとつであると同時に、宗教儀式でもあります。毎朝ミサが始まる前に、パンの担当者たちは祈りを唱え、イーストを水に浸します。朝のミサが終わったら彼らは修道院全体の朝食を準備しはじめます。これはアトス山で作られているパンのレシピのひとつです。

●材料（パン 2 本分）
薄力粉：250g
強力粉：250g
ドライイースト：10g
※メーカーの指示を確認すること
塩：8g
オリーブオイル：25g
ぬるま湯：250ml
トマトジュース：15g
コショウ：1 つまみ
オリーブ（緑）：10 〜 15 個
※種を取り除き、半分に
パプリカ：2 個 ※みじん切り

●作り方

①ボウルに薄力粉、強力粉、イースト、塩を入れ、よく混ぜる。真ん中に穴をあけ、ぬるま湯とオリーブオイルを加える。生地に弾力が出てきて、なめらかになるまで 5 分間よくこねる。

②別のボウルにオリーブ、刻んだパプリカを合わせ、コショウを振る。

③カッターかナイフで①を半分に切り、手のひらで平らにする。オリーブ、パプリカを表面いっぱいにちらし、ロールケーキのように生地を丸める。

④ベーキングペーパーを敷いた焦げ付かないタイプの焼き型に③を入れる。トマトジュースをハケで塗り、予熱していないオーブンで焼く。

⑤オーブンの温度は 200 度に設定し、その温度になったら、そこから 30 〜 40 分間でこんがり焼く。

Ορθόδοξο μοναστικό μενού

レシピ14：
魚のスープ
Ψαρόσουπα αγιορείτικη

アトス山の正教会修道院風魚スープ

科学者たちは修道士が病気と無縁の生活の鍵を握っていることを発見しました。10年に及ぶ研究の結果、修道士たちの癌、心臓病、アルツハイマー病の罹患率が極端に低いことがわかり、豊富な季節の食材、自家栽培、心配ごとや争いのない生活のせいではないかと考えられています。ここでは新鮮な魚が採れ、地中海性気候でオリーブがよく育ち、肥沃なぶどう園を作ることもできます。ワインは修道士たちの生活の一部です。

共同体の規則のひとつに食べ物を粗末にしないことが挙げられます。昼食の残りは夕食で食べるのですが、食事を準備する修道士は、「無駄にするな」という規則を重んじ、正しく計量して、作りすぎないようにします。ですから食事の量は修道士たちにとって十分であっても多すぎることはありません。この魚のスープは食べ物を粗末にしない規則のいい例ではないでしょうか。

●材料（4人分）

玉ねぎ：250g
※魚にかける煮汁分

ハタ：約1kg
※他の白身魚でも可

にんにく：1片

エクストラバージンオリーブオイル：40ml

塩コショウ：適量

セロリ：1本

玉ねぎ（小）：1個

ニンジン（小）：1本

トマトペースト：小さじ1
※なくてもよい

オルゾパスタ：20g
※他のスープ用小パスタでも可

イタリアンパセリ：大さじ1
※荒みじん切り

レモン：1切れ
※付け合わせに

●作り方

① フライパンにスライスした玉ねぎを入れ、水1カップを注ぎ、10分間煮る。

② その間に魚を準備する。頭を落としたら、身を厚くスライスし、オーブン用の皿に並べる。オーブンを180度に予熱する。頭の部分は後で使うので取っておく。

③ 玉ねぎの煮汁をピッチャーに入れ、玉ねぎは使わない。魚の上にこの煮汁を注ぐ。にんにくをスライスして魚の周りに並べ、半分のオイルを振りかける。塩とコショウで味付けをし、魚の水分が蒸発して身がほぐれやすくなるまで約25分ほど焼く。

④ その間、魚のスープを準備する。取っておいた魚の頭からエラを取り除く（ハタはエラの骨に注意）。大きなフライパンに頭を並べて、水1Lを注ぐ。セロリの茎、丸ごとの玉ねぎ、ニンジンを加え、塩とコショウで味を付ける。沸騰したら火を弱め、10〜15分火にかける。

⑤ 頭を④から取り除き、野菜が柔らかくなるまでさらに25分ほどぐつぐつ煮る。別の新しい鍋にこの煮出したスープをこして、魚のくずを取っておく。煮えた野菜はすりつぶし、魚のくずを細かくしたものと混ぜる。先ほど取っておいたスープと合わせ、かき混ぜる。もしトマトペーストを使うなら、ここで混ぜる。

⑥ パスタに残りのオイルを加え、柔らかくなるまで約10分とろとろ煮る。刻んだイタリアンパセリの半分を振りかけ、レモン1切れを添える。コースの始まりにまず熱いスープ、次に焼き魚。温めた大皿に焼き魚を移したら、スープを注ぐ。残りのイタリアンパセリをちらして、さあ召し上がれ。

27

Ορθόδοξο μοναστικό μενού

レシピ 15:
ヒヨコ豆のパテ
Ρεβυθοκεφτέδες

修道院の規則に「皆が同じものを食べる」というものもあります。聖職者のトップにも、これから修道士になるためにやってきたゲスト同然の人にも、同じ食事が出されるのです。修道院は1日に正教会信者とギリシャ人各100人、外国人（正確に言えば男性の）非正教会信者100人に限って訪れることを許しています。彼らには最長4日間の観光ビザが与えられます。滞在中、ゲストは1つの部屋に20ものベッドが敷き詰められた部屋で一緒に眠ります。祭礼の時期には、ベッドは廊下にも置かれます。目を覚ました後は、ミサに出席することが義務付けられています。朝と夕方のミサの間は、修道士の承諾を得て、彼らは自由にこの地を散歩したり、他の修道院を訪れたりできます。農作業、清掃、調理、ワイン作りなど修道士の仕事を手伝うケースもあります。

●材料（4人分）
ヒヨコ豆の缶詰：300g
にんにく：3片
玉ねぎ：1個 ※みじん切り
イタリアンパセリ：1握り
海塩、黒コショウ：適量
クミンシード：小さじ 1/2
※乳棒と乳鉢で挽く
薄力粉：100g
オリーブオイル：揚げ油用
卵：1個 ※溶く

●作り方

①にんにく、玉ねぎ、イタリアンパセリ、塩コショウ、クミンシード、薄力粉と一緒にヒヨコ豆をミキサーにかける。ボウルに移し、溶き卵を加える。ツノが立つまでよく混ぜる。ボールの形にまとめ、大皿に置く。ラップをかけ、冷蔵庫で10分間寝かせる。

②大きなフライパンで油が沸き立つ直前まで熱する。てんぷらのように生地をひとつずつ薄力粉にまぶし、余分な粉をはたいて、静かに油に入れる。外側が焦げ、内側が生のままにならないように低い温度で揚げる。

③揚がったらキッチンペーパーに乗せ、余分な油を吸わせる。

④ザジキ（71ページの作り方参照）と一緒にどうぞ。

Ορθόδοξο μοναστικό μενού

レシピ 16：
地中海の いかめし
Ριζότο με σουπιές

アトス山の修道士は1日2食、朝のミサの後（10時頃）と夕方のミサの後（17時頃）です。ここでは、1日2食で十分だと考えられています。肉体的な食事よりも精神的な栄養が必要だと考えられていたからです。とはいえ、その間にお腹が空けば、パンの皮、ひと握りのドライフルーツ、1杯の紅茶かコーヒーを摂ることは許されています。月曜日、水曜日、金曜日は断食の日で、修道士たちは肉やあらゆる乳製品を摂れず、ワインも飲めません。大きな祝祭の前にも断食は行われ、1週間のどの曜日に何を食べるべきかはとても厳格に規則で定められています。土曜日は最も「ぜいたく」な日で、断食の間、修道士が絶食しない日はたった1日、イースターの前の土曜日だけです。断食は1年に280日です。これは断食中の土曜日に出される一品です。

●材料（4人分）
イカ：500g
※大きなイカなら1本程度
米：250g
玉ねぎ：1個 ※みじん切り
ディル：ひと握りの1/2
※みじん切り
オリーブオイル：大さじ1
海塩・コショウ：適量
レモン汁：1個分

●作り方
①大きな鍋にイカを入れ、水をひたひたに注いで沸騰させる。表面のアクをすくい取りながら5〜10分ぐつぐつ煮る。お湯からイカを取り出し、小さく切る。煮汁も取っておく。

②玉ねぎをオリーブオイルで10分ほど炒める。米を加え、かき混ぜた後で、米の1.5倍のイカの煮汁を加える。ディル、塩、コショウを加え、沸騰させる。

③弱火にした後、イカを加え、米が煮汁を完全に吸い込むまで15分間煮込みつづける。お好みでレモン汁を加え、どうぞ召し上がれ。

※炊飯器でも調理可能。

Ορθόδοξο μοναστικό μενού

レシピ17:
聖ファンウリオスのケーキ
Φανουρόπιτα

アトス山の「tipik」(規則が書いてある本)によると、イースター直前の金曜日以外、修道士は1年中スイーツを食べることが許されています。ギリシャ正教では、聖ファンウリオスが奇跡を行った殉教者だと信じられています。その名前はギリシャ語の「fanerono(ファネロノ)」—明らかにする、判明するという意味の言葉に由来しています。人々は、いなくなった人や失くし物を彼にみつけてもらおうと祈ります。聖ファンウリオスのケーキは毎年8月27日に作られます。そのケーキを作ることで、聖ファンウリオスを讃えつづけているのです。

●材料(直径25cm)
無塩バター ※焼き型に塗る用
薄力粉:1.5 カップ
ベーキングパウダー:小さじ1.5
クルミ:175g (1.5 カップ)
※粗みじん切り
粉末のシナモン:小さじ1/2
粉末のクローブ:小さじ1/2
オリーブオイル:120ml
※他の植物油でも可
生絞りのオレンジジュース:120ml
ブランデー:大さじ4
卵:4個
微粒子グラニュー糖:300g
粉糖:少々 ※仕上げ用

●作り方

①オーブンを180度に予熱する。25×30cmの焼き型にバターを引き、薄力粉を振る。大きなボウルで薄力粉、ベーキングパウダー、クルミ、シナモン、クローブをよく混ぜる。

②オリーブオイル、オレンジジュース、ブランデーを別のボウルに入れてかき混ぜる。また別のボウルに卵と砂糖を入れ、ふんわりするまでかき混ぜる。①にこの2つを注ぎ、完全に混ざってふんわりしてくるまでやさしく溶く。

③準備していた焼き型に②を注ぎ、45分焼く。表面が焦げないように注意すること。

④オーブンから③を取り出し、5分寝かせる。大皿にひっくり返し、焼き型を取り外して、完全に冷たくなったら、粉糖を振る。

Лето на Дунаву
夏のドナウ川より

　ドナウ川はヨーロッパでいちばん長い川で、10か国—ドイツ、オーストリア、スロヴァキア、ハンガリー、クロアチア、セルビア、ブルガリア、ルーマニア、モルドヴァ、ウクライナを流れています。

　新石器時代のスタルチェヴォ文化やヴィンチャ文化といったヨーロッパ最古の文化だけでなく、スメデレヴォやベオグラード、スレムスキ・カルロヴツィ、ノヴィ・サドのような中世都市も、ドナウ川の流れる恵み豊かな大地とともに発展していきました。

　今日、ドナウ川では特別な文化が生まれています。人々はそこに休日の家を建て、都会の慌ただしさから逃れて過ごします。ベオグラードでドナウ川のボート下りをすると、その夢のような世界の生活を見ることができます。植物に覆われたログハウス、テラスでのんびり読書をする人。子どもたちは走り回り、少年はギターを弾いています。昼食のために魚釣りをする人もいるでしょう。

　ドナウ川は平和の象徴のようなものです。何世紀にも渡り、芸術家はドナウ川からインスピレーションを受けてきました。ベオグラードっ子にとってドナウ川はアウトドアの食事や川の料理を楽しませてくれる場所でもあります。

　この章ではドナウ川が流れる4都市—スメデレヴォ、ベオグラード、スレムスキ・カルロヴツィ、ノヴィ・サドからそれぞれレシピをご紹介します。

Лето на Дунаву

レシピ 18：

カティツァさんの クグロフ

Katicin kuglof
王冠型のケーキ

ドナウ川は歴史的にも重要な地理上の境界線です。ドナウ川の北に位置するセルビアがオーストリア・ハンガリーの支配下にある一方で、ドナウ川より南側は半世紀もの間オスマン帝国の支配下にありました。ヴォイヴォディナは、現在はセルビアの一部ですが、かつてハプスブルク帝国の一部でした。スレムスキ・カルロヴツィという町は、ハプスブルク帝国の正教会の中心地であったことで知られています。それと同時にヴォイヴォディナの文化的中心地でした。この町にある、セルビアでいちばん古いクグロフショップのオーナー、カティツァさんのレシピをご紹介したいと思います。中世の人々はパンを敵の形に作って食べたら、打ち負かすことができると信じていたそうです。こうした理由でクグロフは王冠、もしくはオスマン帝国のスルタン帽子の形をしています。

●材料（8人分）

薄力粉：250g
ドライイースト：4g
砂糖：200g
無塩バター：125g
※角切りし、室温に戻しておく
塩：1つまみ
ぬるま湯：200ml
レモンの皮：小さじ1
※すりおろす
レモン汁：小さじ1
ドライフルーツとナッツ：175g
※アーモンドはフードプロセッサーを使わず乳棒と乳鉢ですり潰す
※干しイチジク、ドライアプリコット、ドライオレンジ、クランベリー等それぞれ25gを細かく刻む

●作り方

①薄力粉を深めのボウルに注ぐ。そこに塩、砂糖、イースト、ぬるま湯半分を加え、指を使ってよく混ぜる。

②バターと残り半分のぬるま湯を①に加え、柔らかくなめらかになるまで手ですばやく混ぜる。生地の粘り気が強ければへらを使ってもよい。

③生地がよく混ざってなめらかになったら、ナッツとドライフルーツ、レモン汁、レモンの皮を加え、さらによく混ぜる。ラップをかけ、室温で30分寝かせる。

④オーブンを180度に予熱する。

⑤焼き型にバターを塗り、生地を流し込む。表面がこんがりするまで60分焼く。竹ぐしを差し込んでみて、乾いていたら焼き上がっている。

⑥30分ほど冷ましたら、ひっくり返して型から外し、キッチンタオルで覆って、完全に冷ます。

⑦チョコレートパウダーや粉糖を振りかけてもよい。

Лето на Дунаву

レシピ19：
リブリャ・チョルバ
Riblja čorba
ドナウ川の漁師風スープ

ドナウ川はセルビアの中心部を西から東へと流れ、首都ベオグラードではサヴァ川と合流します。ドナウ川はベオグラードのシンボルのひとつであり、漁師やコテージを持つ人にとって生活には欠かせない存在です。夏になると漁師たちが料理の腕を競い合う「ドナウ川・川魚スープ料理大会」が開かれます。ある日、ドナウ川沿いの中世の町、スメデレヴォに住む祖父母の家に遊びに行った時のこと。叔母と散歩中、どこからかスパイシーな香りが漂ってきたかと思うと、偶然この大会に出くわしたのです。このレシピは高校教師で勤めるかたわら、釣りを趣味にする叔母の知り合いから教わったものです。

● 材料（8人分）

川魚：1kg
※数種類を混ぜて、アラも使う。コイ、ナマズ、スズキ、カワカマス等。ドナウ川で採れる魚を例に挙げたが、手に入るもので。スープがスパイシーなので、味の強い魚のほうがよい。

ひまわり油：100ml
※豚のラードでも可
ローリエ：2枚
ホールペッパー：5粒
玉ねぎ：2個 ※刻む
ニンジン：2本 ※賽の目切り
パースニップの茎：1本
※刻む（なくてもよい）
セロリの茎：100g ※刻む
にんにく：2片
パプリカパウダー：大さじ1/2
チリパプリカパウダー：大さじ1/2
カイエンペッパー：1/2本
トマト：1個 ※刻む
お湯：1L
イタリアンパセリ：大さじ1 ※みじん切り
バジルの葉：数枚
タイム：小さじ1
アニスの種：1つまみ
塩コショウ：適量
トマトジュース：200ml
赤ワインビネガー：大さじ1

● 作り方

① 深鍋に出汁として小ぶりの川魚とアラを入れ、水をひたひたに注ぎ、弱火で3分煮る。骨が落ちはじめたら、こしてスープを取り出す。魚は骨をきれいに処理しておく。

② 別の深鍋で油を温め、ホールペッパーとローリエを数分炒める。

③ 玉ねぎ、ニンジン、パースニップとセロリの茎を②に加え、半透明になるまで数分間炒める。そこへ1カップの水を注ぎ、煮崩れするまで煮込む。パプリカパウダー、チリパプリカパウダー、にんにく1片を加え、さらに数分煮る。お湯を1L加え、強火で20分煮込む。

④ 刻んだトマト、①のスープを加えて、蓋をせずにさらに20分煮込む。

⑤ そこに①の魚を投入する。トマトジュースにイタリアンパセリ、バジルの葉、タイム、アニスの種、お好みで塩コショウ、カイエンペッパーも加え、もう10分煮る。

⑥ 最後に大ぶりの川魚の切り身とすり潰したにんにくを加え、さらに5分煮込む。赤ワインビネガーで味を整える。

※スープが仕上がっているかどうか、手のひらを鍋の上にかざして、手に付いた湯気がべたべたしたら完成！

Лето на Дунаву

レシピ 20：
ピヤニ・シャラン
Pijani šaran iz Smedereva
スメデレヴォ風 コイのオーブン焼き

「鉄とぶどうの街」スメデレヴォはドナウ川のほとりの美しい中世の要塞で知られています。ここはセルビアの首都の中で、オスマン帝国によって征服された最後の都市でした。私にとってこの街は特別です。祖父母が隣村で生まれ育ち、40歳を過ぎるまで暮らしていたからです。私は「スメデレヴォ・オータムン」というぶどうの収穫祭がある9月に訪れるのが好きでした。中世の騎士のコスチュームを着た人々が街中をパレードし、伝統舞踊のパフォーマンスやコンサートなどが催されるお祭りです。たくさんの食べ物や伝統工芸品も売られます。このお祭りはワイン文化とぶどうの収穫を讃えるために始まりました。この料理はローマ時代から何世紀も続く地元の文化として、ドナウ川の魚とぶどうの豊作を祝うためのものです。

●材料（4人分）

コイ（丸ごと）：1.5kg
※処理をしたもの。他の白身魚でもよい。

にんにく：2片
※1つはスライス、1つはみじん切り

レモン：1/2　※薄くスライス

白ワイン（ドライ）：300ml

ひまわり油：大さじ1
※他の植物油でも可

イタリアンパセリ：大さじ2
※刻む

ジャガイモ（小）：8個
※皮をむいて4分割する

塩コショウ：お好みで

●作り方

① オーブンを200度に予熱する。

② 魚の両面にたっぷり塩をかけ、冷蔵庫で30分寝かせる。キッチンペーパーで水気を取る。魚の両面に浅く切れ目を3つ入れ、にんにくとレモンのスライスを差し込む。

③ ボウルに残りのにんにくのみじん切り、イタリアンパセリ、大さじ1の油を合わせる。乳棒と乳鉢ですり潰すといい香りがしてくる。このドレッシングを魚の腹に詰める。

④ 耐熱皿に魚を並べ、上にジャガイモを置いていく。最後に白ワイン、油、塩コショウをたっぷりかける。

⑤ 1時間焼く。15分おきに白ワインを魚に振りかける。焼く時間は、オーブンの強さにもよるので、自分で調節する。

Лето на Дунаву

レシピ21：

ゴンボッツェ
Gomboce
iz Novog Sada

ノヴィ・サドの伝統デザート

桃はセルビアのキッチンにはよく登場し、人気があります。国民的な蒸留酒ラキヤにも、桃を使ったプレスコヴァチャがあります。桃の伝統的なレシピといえば桃のおだんごでしょう。このおだんごはセルビア北部ノヴィ・サドの伝統的なデザートですが、セルビア中で作られ、食べられています。このデザートはしばらく忘れられていましたが、ここ数年、若い世代が古いレシピを蘇らせています。ベオグラードのある店では、基本の生地に20以上のバラエティに富んだ具材が入ったおだんごを提供し、話題を呼んでいます。チョコレート、バニラクリーム、チェリー、マスカルポーネチーズ、レモン、サワーチェリーなど。私はあんこや抹茶クリームなども合うと思います。あなたもどんなものを詰めるか考えてみてください。

●材料（10個分）

〈衣〉

無塩バター：30g

ひまわり油：大さじ1
※他の植物油でも可

パン粉：100g
※粒の細かいタイプ

砂糖：100g

〈生地〉

ジャガイモ：400g
※すり潰す

塩：小さじ1/2

卵黄：1個分

無塩バター：15g

薄力粉：150～170g

〈中身〉

小さめの桃：10個
※お好きなものを詰める

●作り方（衣）

①深鍋に油を入れ、バターを溶かす。パン粉を加え、焦げないようにかき混ぜつづける。こんがり色付いてきたら火から下ろし、冷ます。

②砂糖を加え、よく混ぜる。

●作り方（生地）

③皮を向かずにジャガイモを茹でる。茹であがったら皮を向き、手かミキサーでよく潰す。ボウルに入れ、完全に冷ます。

④ジャガイモが冷めたら、塩、卵黄、バターを加えてよく混ぜる。生地がねばねばくっつくようになればよい。

⑤薄力粉を④の表面にまぶし、麺棒を使って生地を延ばし、端のデコボコした部分を切り落とし、14×35cmくらいの長方形にする。切り落とした生地は後で丸めるときに使う。

●作り方（仕上げ）

⑥7×7cmの正方形10個に⑤を切り分ける（桃の大きさで変える）。それぞれの生地の真ん中に桃を丸ごと1個置き、包み込んで丸くして、皿の上で薄力粉をまぶす。

⑦深鍋でたっぷりの水を沸騰させる。1つまみの塩を加え、⑥を入れ、表面に浮いてくるまで煮る。さらに弱火で5分煮る。詰め込みすぎるとそれぞれがくっついてしまうので注意。

⑧おだんごが熱いうちに穴の開いたおたまですくい、②をまぶす。しっかりまぶしたら皿の上に置いて、もう一度②を振りかける。

Лето на Дунаву

青空市場！

　どの都市にもあるワンダーランドです。青空市場に行けば、その土地の文化を知ることができます。習慣、コミュニケーションの取り方、買い物の仕方、さらには地元の人のおもてなしに触れる機会にもなるでしょう。私たちはセルビア各地にいまだたくさんの青空市場が残っていることを誇りに思っています。

　セルビアの家庭では、田舎で生まれ育った祖父母や従兄弟がたくさんいるのが普通です。彼らの多くは家畜を育てたり、農作物を作ったりしていて、都市の青空市場で野菜やフルーツ、手作り品—たとえばアイヴァルやジャム、はちみつ、カイマックなどを売っています。そして彼らは土地や家畜、作物にどれくらい手をかけているかをわかっているので、よいお店や製品もよく知っています。そして、やがて私たちのお皿に返ってくることもよくわかっています。

　うれしいことに、最近では多くの若い人たちが都会を離れ、農場に行く決意をしているようです。青空市場について話し出すと止まらなくなってしまいます。それほど、ここセルビアで青空市場は魅力にあふれている場所なのです。どんなに言葉で伝えるよりも、直接見てほしいです。私と一緒に実際に出かけてみませんか？

Jесен у селу Злакуса
陶器の村―ズラクサの秋

　セルビアの家庭では、いまでは現代的な調理器具を使いますが、特別な料理を作るときは、まだ多くの家庭で土鍋を使っています。シチュー、肉のロースト、肉の直火焼き、ベイクドポテトなど、土鍋でゆっくり時間をかけて調理をします。土鍋を使ったサチュ（42ページ参照）と呼ばれる調理方法もあります。

　土鍋は陶器の古い伝統で有名なズラクサ（Zlakusa）村で、方解石と土から作られます。ズラクサは南西セルビアにある600世帯ほどが暮らす小さな村です。資料には、ズラクサ鍋は200年前からあると書かれていますが、村でいちばん高齢の職人は、300年以上その伝統が受け継がれていると語っていました。

　ズラクサでは、男性は鍋を作り、女性は家事をしながら野菜や果物を収穫します。書物によるとヨーロッパでいちばん古い土鍋だと言われるズラクサ鍋の製造技術は、今日まで変わらず守りつづけられています。

Јесен у селу Злакуса

レシピ 22：
アイヴァル
Ajvar
ローストパプリカとナスのスプレッド

パプリカが焼ける匂いは、秋の訪れを告げてくれます。この時期になると、街中に大きな赤いパプリカがあふれます。アイヴァルは大きくて先の尖った形をしたパプリカで作ります。日本のスーパーでよく見かける赤ピーマンとは違い、セルビアでは価格も手頃です。赤くツヤのあるパプリカは生でいただき、残ったものや食べられなかったものは、最後にアイヴァルにします。

バルカン地域では、パプリカを使って冬の保存食を作ってきました。ほとんどの家庭は（もちろん我が家も！）大型ホーロー鍋を持っています。長い冬の間に保存できる十分な量のアイヴァルが作れます。アイヴァルを作るのは、温かい季節の終わりを知らせ、心のこもった温かい食事を作る季節を迎えるための行事のようなものです。

●材料（350mlの瓶1本分）

パプリカ：3kg
※中くらいのものだと15個程度

ナス（中）：3個（1kg）

にんにく：1個
※中くらいのもの15片 ※刻む

ひまわり油：1.5カップ
※オリーブオイルでも可

砂糖：小さじ1

塩：小さじ2＋お好みで

黒コショウ：お好みで

●作り方

①グリルを200度に予熱する。

②グリルにパプリカを並べ、真っ黒になるまで10〜15分火にかける。大きなボウルに移し、ラップをかける。手で扱えるようになるまで20分ほど冷ます。

③パプリカの皮をむき、種と芯を取る。ざるで水気を十分に切る。

④パプリカを冷ましている間、フォークでナス全体に穴を開ける。グリルにナスを並べ、蓋をして、皮が黒くなるまで30分ほど火にかける。トング等で押してナス全体が柔らかくなっていることを確認すること。裏返して反対側も十分に火にかける。

⑤グリルから④を取り出し、手で扱えるようになるまで10分ほど冷ます。ヘタを取り、縦長に切る。スプーンでナスの身の部分をかき出して水気を切る。皮は処分する。

⑥パプリカ、にんにくと⑤をよく切れるナイフで細かく切り刻む。

⑦中くらいの小鍋にひまわり油を引き、⑥を入れる。中火〜強火にかけ、表面がふつふつと沸いてきたら弱火〜中火に落とし、30分間ぐつぐつ煮る。ときどきかき混ぜ、乾いてきたら油を足す。油が表面に浮かないように注意する。砂糖、塩、コショウを加え、さらに20分煮る。

⑧火を止め、味見をして必要であれば塩コショウを加える。室温で冷ます。すぐに使用することもできるが、密閉容器に移し替えて冷蔵庫で保管すれば、2週間程度もつ。

Jesen у селу Злакуса

レシピ 23：
プロヤ
Proja
セルビアのコーンブレッド

アイヴァルには焼きたてのパンが合います。アイヴァルとセルビアのコーンブレッド、プロヤは最高の組み合わせです。日本で料理教室やイベントを開催するさいにも、プロヤをいつもメニューに入れています。必要な材料は手頃な価格で手に入るし、何より簡単に作れます。
プロヤとヨーグルトの組み合わせは朝食の定番。冷めてもおいしいので、お祝いの席では前菜としても喜ばれます。最近ではピクルス（私は大好き！）、パプリカ、ネギなどを刻んだものを生地に入れることも。味にアクセントが加わるし、見た目も豪華になります。セルビアでは街のパン屋さんでも売られています。

●材料（12個分）
フレッシュチーズ：150g
※フェタチーズ、カッテージチーズ等
卵：3個
牛乳：320ml
ひまわり油：240ml
※他の植物油でも可
強力粉：140g
トウモロコシ粉：180g
ベーキングパウダー：大さじ1
塩：適量

●作り方
① 卵白と卵黄を分ける。ボウルでチーズをほぐし、卵黄とよく混ぜ合わせる。

② 別のボウルで強力粉とトウモロコシ粉を混ぜ合わせる。塩とベーキングパウダーを加え、さらに混ぜる。そこに①を加え、油と牛乳をかき混ぜながら、少しずつ加えていく。

③ 最後に卵白を加え、パンケーキより少し濃い生地に仕上げる。冷蔵庫で30分寝かせる。

④ 型に油を塗り、薄力粉を振りかけ、膨らむ分を考え、2/3の高さまで③を注ぎ入れる。

⑤ 220℃に予熱したオーブンで約20分程度、こんがり焼く。

⑥ 焼き上がったらオーブンから取り出し、霧吹きしてキッチンタオルで覆い、10分ほど冷ます。

Јесен у селу Злакуса

レシピ24：
結婚式のキャベツ
Svadbarski kupus
肉とサワーキャベツの煮込み

この料理の歴史は中世にまで遡ります。名前の由来はこの料理がたくさんの人々の来る結婚式や宴会に振る舞われていたことから来ています。長時間調理をしていると、火にかけた土鍋からとてもよい匂いがしてきます。あなたのキッチンにある普通の鍋で作ることもできます。ラードを使うところが驚きですが、ズラクサの主婦たちが言うように、他の油ではキャベツがここまでおいしくはなりません。

●材料（4人分）

サワーキャベツ：1/2個
※外葉と芯を除き4cmの角切り
※55ページの作り方参照
牛肩肉（脂の多い部分がよい）：100g ※4cmの角切り
豚肩肉（脂の多い部分がよい）：100g ※4cmの角切り
バラ肉の燻製かベーコン：100g ※骨を取り除き角切り
ラード：大さじ1
玉ねぎ（中）：1個
※粗みじん切り
ニンジン：1本 ※角切り
乾燥パセリ：小さじ1/2
塩：小さじ1
粗挽きコショウ：1つまみ
パプリカパウダー：1つまみ
ローリエ：1枚
ひまわり油：50ml

●作り方

①直径18cmの土鍋の底と内側にラードを塗り、底にキャベツの外葉を敷く。

②別のボウルで玉ねぎ、ニンジン、ひまわり油を混ぜ合わせる。

③肉をひとつずつ、キャベツの葉1枚で巻く。煮込んでいる間に開かないよう、土鍋の上にきっちり詰め込む。キャベツの葉は数枚取っておく。

④土鍋に玉ねぎとニンジンを加えて、残りの油をかける。乾燥パセリ、塩、粗挽きコショウ、パプリカパウダー、ローリエを加えて冷水500mlを注ぐ。

⑤とっておいたキャベツの葉とひっくり返した皿を落とし蓋にし、沸騰時に野菜が動くのを押さえる。強火で沸騰させ、その後、弱火で40分煮込む。

⑥火を止めて30分置き、味を滲み込ませる。

Јесен у селу Злакуса

レシピ 25：
サワーチェリーケーキ
Kolač sa višnjama
季節の果物を使ったケーキ

少し古いけれど、時を経ても色褪せないもの。サワーチェリーケーキは、セルビアでいつの時代も愛されてきたデザートです。簡単に作れます。季節のすっぱい果物、とくに夏は豊富に採れるベリーで作れます。セルビアはラズベリーの生産国で、世界でもトップ3に入ります。夏になると、ラズベリーを摘むために多くの人が西セルビアへ向かいます。この地域の中心部であるズラクサ村でもラズベリーを育てています。ここではサワーチェリーを使ったレシピをご紹介します。

●材料（12 個分）
卵：3 個
砂糖：200g
牛乳：50ml
ひまわり油：100ml
バニラエッセンス：小さじ 1
ベーキングパウダー：10g
塩：小さじ 1/3
薄力粉：250g
サワーチェリー：400g
※種を取り除く
粉糖：仕上げ用

●作り方

①卵白と卵黄を分ける。電動のミキサーで卵白をツノが立ちはじめるまで泡立てる。砂糖とバニラエッセンスを加え、さらに 2 分、しっかりしたメレンゲになるまで泡立てる。

②1 個分の卵黄を①に加え、よく混ざるまでミキサーを低速で回す。

③牛乳と油を②に加え、回しつづける。かなり水っぽい状態になったら、薄力粉を加える。薄力粉、塩、ベーキングパウダーを加え、まずはへらで混ぜ、その後、なめらかになるまで低速で回す。

④30cm × 20cm の焼き皿を準備し、③の生地がくっつかないように油を塗り、底に薄力粉をまぶす。焦げ付かないタイプの焼き皿ならば油は不要。

⑤オーブンを 200 度に予熱する。焼き皿に③を注ぎ、表面にチェリーをまんべんなく散らす。

⑥200 度で 10 分焼く。180 度で 20 分でもよい。表面がこんがりしてきたらできあがり。オーブンから取り出す。

⑦食べる前に粉糖をかける。

Јесен у селу Злакуса

セルビアの調理器具

　バルカンでは、まだ多くの人が伝統的な調理法、調理道具を好んで使っています。この章で紹介したズラクサ鍋（写真①）は、家庭でもレストランでも使われています。直火焼き、とくにサチュと呼ばれる調理方法に利用されます。食材を入れた鍋（普通は鍋料理やポテトなど）を熱い石の下に埋め、何時間も火にかけゆっくり調理をする方法です。

　コトリッチ（写真②）という銅製の鍋はリブリャ・チョルバのレシピ（33ページ参照）でも使っていますが、家族や友達をひとつにする不思議な調理道具です。料理ができるのを、皆でおしゃべりをしながら待っていると、あたりに香ばしい匂いが広がりはじめ、新しい思い出も生まれます。

　そしてもう1つの古くて価値のある道具は、スメデレヴァッツ（写真③）です。薪を使うオーブンで、昔の家庭料理の独特な味を生みだすと信じられています。半世紀以上前から使われてきましたが、今なお使われています。とくに、田舎や休暇を過ごす家で使います。なぜなら部屋を温め、ゆっくり時間をかけて作る料理に向いているからです。電気は必要ありません。薪と火さえあればよいのです。土鍋を乗せたら、すぐにそのよさがわかるでしょう。

①

②

③

Српска кафана
セルビアのカファーナ

　カファーナとはバルカンで古い喫茶店のことです。コーヒーが飲める場所を意味するトルコ語のカフヴェハネという単語に由来します。

　はじめてカファーナがコンスタンティノープルにできたのは16世紀初頭ですが、その後、オスマン帝国の侵略によってバルカン地方に持ち込まれました。

　旧ユーゴスラヴィア時代には、カファーナはビストロのような場所でした。社会的な階層や職業に関係なく、煙たい室内で馴染みの曲を聴きながらグラスを傾け、人間存在の幸福や悲しみを分かち合いたい人たちが集うカファーナは、バルカンのボヘミア文化の源となり、世界に知られる音楽家、画家、詩人、作家たちを多数生み出しました。最近では生演奏が楽しめるカジュアルレストランとして広く親しまれています。

　バルカンで最も古いカファーナは、ベオグラードの中心の歴史ある地域に「?」という看板を抱げ、約200年ほどの間、セルビアの文化遺産として存在しつづけています。

Српска кафана

レシピ 26：
ペチェナ・パプリカ
Pečena paprika
焼きパプリカのマリネ

カファーナのメニュー、まずは典型的な前菜からスタートしましょう。数種類の冷たいおつまみが大きなお皿で出てきます。プロシュート、サラミ、カチャマク、チーズ、ピクルス、そして、焼きパプリカのマリネです。パプリカはセルビア料理ではなくてはならないもので、それを使ったメニューも無数にあります。8月の後半になると、カファーナは焼きパプリカのマリネを大量に作り、ビン詰めにして冬の間中、それを提供します。簡単に作れますから、パプリカが安くなっていたら、ぜひビンを準備して作ってみてください。ちなみに、セルビアに遊びに来た日本人の友人は皆、このメニューをとても気に入るので驚いています。

●材料（4人分）
パプリカ：4個
※できればとがった形のもの
ひまわり油：大さじ 4
※他の植物油でも可
酢：大さじ 2
にんにく：2 片 ※みじん切り
塩：少々
イタリアンパセリ：大さじ 2
※みじん切り

●作り方
①パプリカを洗って、水気を取っておく。オーブンは 200 度に予熱する。

②パプリカを網で焼く。もしくはオーブントレイに乗せて両面を 10～15 分、皮が黒くなるまで焼く。

③オーブンからパプリカを取り出し、皿に乗せてラップで覆うか、密閉容器に入れるかして 10 分程度蒸らす。こうすることで皮がむきやすくなる。皮をむいたら、完全に冷ます。

④その間にマリネの準備をする。にんにくの皮をむき、みじん切りにし、ひまわり油、塩、酢と合わせる。

⑤パプリカが冷めたら、④をかけ、味をなじませるために 1 時間置く。

⑥仕上げにイタリアンパセリを散らす。

Српска кафана

レシピ27：
ウルネベス
Urnebes
パプリカとチーズのスプレッド

この料理の名前は、セルビアで「ごちゃごちゃ」「混乱」を意味する言葉です。ギリシャのティロカフテリ（スパイシーチーズのスプレッド）等、他の国にも似たような料理があります。この料理は、南セルビアのニシュという都市が起源だと言われています。厳密に起源を証明するのは難しいのですが、そこは偉大なローマ皇帝コンスタンティヌスが生まれた場所で、パプリカが主な産物です。パプリカの種類や量で、辛くしたりマイルドにしたりします。焼いた肉に添えて出されます。カファーナでは、典型的なセルビアの前菜の一品として、温かいピタパンと一緒に出てきます。

●材料（2人分）

フェタチーズ：200g
※モッツレラチーズでも可

赤パプリカ（大）：1個

生トウガラシ：1本
※好みでもう少し多くてもよい
※チリペッパー小さじ1/2でも可

ひまわり油：大さじ1
※他の植物油でも可

にんにく：1片 ※みじん切り

塩：お好みで
※チーズの塩加減で変える

●作り方

①オーブンを200度に予熱し、パプリカを入れる。すべての面の皮が黒くなるまで10分ほど焼く。密閉容器等に入れて冷ました後、水でよく洗い、皮や種を落として細かく刻む。生トウガラシも同じように下準備をしておく。

②ボウルにチーズを入れ、フォークで崩す。ひまわり油、①を加える。にんにくと塩を加え、よく混ぜて味を見る。辛くて当たり前の料理だが、好みに合わせて調節する。

③焼いた肉やパンに添えていただく。

Српска кафана

レシピ28:
カラジョルジェヴァ・シュニッツラ
Karađorđeva šnicla
ロールカツレツ

この料理の「乙女の夢」という俗称は、大きな声で言うのははばかられます。比較的最近考えだされた、まさにセルビア発の料理で、セルビア人の賢さを証明するものです。ミロヴァン・ストヤノヴィッチは世界一の称号を二度も獲り、エリザベス・テイラーやチャーチル、ソフィア・ローレン、カダフィ、ロックフェラー等の有名人に料理を供したセルビアで最も有名な料理人です。1956年、ベオグラードのレストラン「ゴルフ」で働いていたとき、有名なキャスターが来店し、キエフカツレツを注文しました。あいにく材料が切れていて、彼はその場でできるものを調理し、新名物として提供したのです。それがこのカラジョルジェヴァ・シュニッツラです。カラジョルジェは、オスマントルコの支配下で最初に立ち上がった指導者、セルビアの英雄の名前です。ストヤノヴィッチは皿の上にカラジョルジェヴィッチ家の星の形を飾り、カラジョルジェヴァ・シュニッツラと名付けたのです。セルビアの国境を超えて人気の料理ですが、旧ユーゴスラヴィアの他の国々ではいま別の名前で呼ばれています。

●材料（4人分）

豚ヒレ肉：150g×4枚
クロテッドクリーム：大さじ4
※クリームチーズでも可
卵（大）：2個 ※溶く
薄力粉：大さじ2
パン粉：少々
※粒の細かいタイプ
塩コショウ：少々
ひまわり油：500ml
※他の植物油でも可

●作り方

①豚肉を肉叩きで薄くなるまで延ばす。破れてしまわないように気を付けること。両面に塩コショウする。深い鍋で油を温める。

②クロテッドクリームを肉の上に均等に塗り、塗った面を内側にして肉を巻いていく。

③3枚の皿を準備する。1枚目には塩とコショウを1つまみずつ加えた薄力粉を入れる。2枚目には卵を割り入れ、3枚目にはパン粉を入れる。1～3枚目の順で②をコーティングする。

④注意深く③を油に投入し、均等にキツネ色になるまで3分程度揚げる。次を入れる前に油の中のパン粉を取り除いておく。

⑤付け合わせにタルタルソース、レモン、蒸したグリーンピース、ポテトなどを添える。

46

Српска кафана

レシピ29：
ショープスカ・サラータ
Šopska salata
セルビアの定番サラダ

ショープスカ・サラータは、バルカン地方で最もポピュラーな定番サラダです。その名は南東セルビアとマケドニア、ブルガリアにまたがるショープルクという地域に由来しています。1960年代のブルガリアで観光宣伝用に考えられたものですが、後にブルガリア料理として広く知られるようになりました。バルカン地方のどのレストランでもこのサラダはメニューに入っています。ギリシャでも少しだけ違う同様のサラダが存在します。私も大好きなサラダです。この料理は、その土地の味付けや材料に合わせ、虹のように少しずつ変化していくヨーロッパの食文化をよく表しています。

●材料（2人分）
赤パプリカ：2個
生トウガラシ：1/2本
玉ねぎ（小）：1個 ※刻む
キュウリ：1本
※縦に4分し賽の目切り
トマト：2個 ※賽の目切り
塩コショウ：適量
ひまわり油：大さじ1
※他の植物油でも可
アップルビネガー：大さじ1/2
※白ワインビネガーでも可
フェタチーズ：50g
※カッテージチーズでも可
イタリアンパセリ：大さじ1/2
※刻む

●作り方
①パプリカと生トウガラシを洗い、水気を取る。オーブンで皮が黒くなるまで焼く。密閉容器等に入れて少し冷まし、水で洗って皮と種をしっかり取り除く。細かく刻むか、細長く切るかする。

②ボウルに、塩コショウ、ひまわり油、アップルビネガーを合わせ、よく混ぜる。

③玉ねぎ、皮をむいたキュウリ、トマト、刻んだイタリアンパセリを②に加え、よくあえる。

④フェタチーズを上に散らし、さあ召し上がれ。

Српска кафана

レシピ30：
オラスニツェ
Orasnice
メレンゲとクルミの焼き菓子

オラスニツェはセルビアのカファーナには欠かせない、懐かしい日々やクリスマスを思い起こさせる焼き菓子のひとつです。たった3つの材料で簡単に作れて、容れ物に入れておけば日持ちもするパーフェクトなお菓子です。

そして、セルビア人にとって、コーヒーとは飲み物ではなく文化です。セルビア人が言う「コーヒーを飲みに行きましょう」とは「会いましょう」という意味で、コーヒーを注文しなくても問題ありません。淹れ方はトルコやギリシャのコーヒーと似ていますが、スパイスは入れずコーヒーの味を純粋に楽しみます。一般家庭に招待されたときなどによく淹れてもらえますが、若い人たちはあまり飲まなくなっているといいます。おいしいコーヒーの表面には細かい泡が浮いています。

●材料（20人分）
卵白：卵（大）1個分
グラニュー糖：150g
クルミ：150g ※すりつぶす
クルミ（コーティング用）：150g ※細かく刻む

●作り方
①ボウルでツノが立つまで卵白を泡立てる。少しずつ砂糖を加え、砂糖がほとんど溶けるまでできるだけ長く混ぜつづける。完全に砂糖が溶けなくても大丈夫。泡立てたメレンゲの中にすりつぶしたクルミを投入する。

②刻んだクルミを浅い皿に入れる。

③ティースプーンを使って、①で混ぜたものを少し取り、②に入れる。刻んだクルミを全体によくまぶす。

④細長く③を延ばして、曲げて馬蹄の形にする。そしてクッキングシートに並べていく。

⑤125度に予熱したオーブンで25～30分焼く。メレンゲのように外はパリッと、中はしっとり焼き上げる。中までカリカリに焼き上げたタイプがお好みなら、オーブンの温度を少し下げて、もう15～20分焼く。コーヒーと一緒に召し上がれ。

Славска трпеза
スラヴァのごちそう

　ベオグラードの中心地にある通り、ペタル王通り（クラリャ・ペトラ通り）を歩いたら、セルビアの宗教がいかに多様性に富んでいるかがわかります。

　まずは正教会総主教庁の建築物、200メートル歩けばイスラム教のモスクが目に入り、さらに1ブロック歩けばユダヤ歴史博物館が見えます。

　ここでは、セルビア正教徒の習慣をご紹介します。セルビア正教会にはそれぞれの家の聖人を讃えるお祭り「スラヴァ」があります。聖人は家ごとに決まっていて、その記念日も父方の世代から世代へ受け継がれます。女性は嫁ぎ先のスラヴァを受け継ぎます。世界でもこの地域だけの独特な習慣です。

　私自身は正教徒の家に生まれましたが、洗礼を受けたのは遅く、10代の頃でした。80年代は共産主義がまだ根強く残っていたので、礼拝式はあまり奨励されていなかったからです。父方と母方、どちらの祖父母も共産主義者というより社会主義者でしたが、宗教には熱心ではありませんでした。共産主義の崩壊後、礼拝式の習慣はゆっくりとユーゴスラヴィアに戻ってきました。

　祖母が生まれた村はクリスチャンとムスリムの家が混在していましたが、仲よく共存していたそうです。さらに私の親友はカトリックです。そこで私たちは毎年一緒に2回のクリスマスを祝っています。カトリックの12月25日と正教会の1月7日です。

　ちなみに私の家では父方と母方どちらのスラヴァも祝います。母方のスラヴァは聖アレクサンドル・ネフスキーというロシアの聖人で、9月12日が記念日です。これは先祖が北モンテネグロの出身なので、モンテネグロとロシアのよい関係を祝い、記憶に留めるために伝統的にこの聖人に敬意を払っているのだそうです。

Славска трпеза

レシピ31：
スラヴスカ・ポガチャ
Slavska pogača
お祝い用ポガチャ

スラヴスカ・ポガチャはセルビアのお祝い用のパンです。主にスラヴァ、クリスマス、イースターに作り、新年に用意されることもあります。宗教上、パンはキリストの身体、神様への贈り物とされています。クリスマスイヴ用のポガチャにはコインが埋め込まれ、そのコインの入った部分が渡った人はとてもよい年を迎えるといわれます。スラヴァの日は、朝、家族でポガチャを教会へ持っていき、キリストの血を意味する赤ワインを降りかけ、祈りを捧げます。このレシピは、イタリア語の大学教授であり、私と同じように料理に情熱を注ぐ、親愛なるユリヤナ・ヴチョが一家の秘伝を惜しみなく伝授してくれたものです。

●材料（直径25cm）

強力粉：650g ＋打ち粉分
ドライイースト：11g
卵：1個
ひまわり油：75ml
※他の植物油でも可
プレーンヨーグルト（無糖）：50ml
牛乳：350ml
砂糖：小さじ1/2〜1
塩：大さじ1
無塩溶かしバター：30g
水：適量
溶き卵（つや出し用）：1個
ケシの実・ゴマ：適量

●作り方

①まず強力粉、牛乳、ヨーグルトは室温に戻しておく。牛乳にドライイーストと砂糖を入れ、溶かす。発酵が始まるまで10分ほど室温で置いておく。

②深めのボウルに強力粉を入れ、他の材料全部（つや出し用の溶き卵とケシの実・ゴマ以外）を少しずつ加えていく。なめらかな生地になるまでこねる。油を薄く敷いたボウルに生地を移し、ほこりをかぶらないように軽くおおって、温かい場所で1時間ほど1次発酵させる。

③生地が2倍ほどの大きさに発酵したら、ボウルから取り出し、3等分する。2つは同じ大きさで、もう1つは2つより少し小さめにする。大きめに分けた2つの生地の1つを軽く押してガス抜きをし、ボール状に成型し焼き型の真ん中に置く。

④もう1つの大きい生地を麺棒で36×32cmの四角に延ばす。端を切って完全な四角形にし、6cm幅6枚に切り分ける。溶かしバターを生地に塗り、ロール状に巻く。巻いた生地を、焼き型の真ん中に置いた生地の周囲に並べる。

⑤3番目の少し小さめに分けた生地を麺棒で直径30cmの円形に延ばし、6つの三角形に切り分ける。円周だった部分を底辺に二等辺三角形の頂点の部分から4本切り込みを入れる。残りの2つの角を内側に軽く折って、底辺から切り込みを入れた頂点の方向に向かってバターロールを巻く要領で巻いていき、④で先に並べたロールの間に並べていく。

⑥残った生地を小さなボール状にし、型の空いたスペースを均等に埋める。生地をおおい、さらに2倍の大きさになるまで30分ほど2次発酵させる。

⑦2次発酵が終わった生地に溶き卵を塗り、ケシの実やゴマで飾りつけする。

⑧180度に予熱しておいたオーブンで、表面がこんがりするまで35分ほど焼き、焼き上がったら冷まして、召し上がれ。

Маршалова трпеза

レシピ 48：
セロリの
クリームスープ

Krem čorba od celera

国際的に評価のある偉大なリーダーとして、ティトーは世界中の政治的な代表者をディナーに招く機会が頻繁にありました。テーブルには、魚、赤身の肉、野菜、フルーツが並びます。彼は一般的に「マーシャル」と呼ばれていましたが、大食漢としても記憶されています。いつもおいしい食事、ワイン、タバコを愛し、楽しみました。食事の時間は、規則正しく、朝食は8時半、昼食は1時、夕食は7時と決まっていました。海外に行く時は、デギュスタトゥール（degustateurs）つまり大統領より先に食べ物を口にする人が帯同し、安全と味を確認します。食事が満足できるものでない場合のことを考え、いつでも調理ができるように材料も持って行きました。これから紹介するスープは、ティトーの公邸でディナーに出されたものです。バターとセロリを炒めたもの、牛乳と生クリーム、そして最後に少しだけレモン汁をたらします。フランスパンが添えられていました。

●材料（6〜8皿分）

無塩バター：大さじ4
エクストラバージンオリーブオイル：大さじ3
玉ねぎ：1個 ※刻む
コーシャソルト（自然塩）：適量
セロリ：5本（約400g）※皮をむき、刻む
ローリエ：1枚
チキンスープ：1L
生クリーム（脂肪分35%以上）：250ml
イタリアンパセリ：1カップ
セロリソルト：小さじ1/4

〈トッピング〉
セロリの葉
加熱したプロシュート
炙ったアーモンド ※刻む
フライドオニオン
：どれもお好みで

●作り方

①大きな鍋を弱火〜中火にかけ、オリーブオイルでバターを溶かす。玉ねぎを加え、塩小さじ1/2で味付けし、柔らかくなるまで4分ほどかきまぜながら炒める。茶色くならないように注意。

②セロリの茎と塩小さじ1を加える。ときどきかき混ぜながら、柔らかくなるまで7分ほど炒める。

③ローリエ、チキンスープ、2カップの水を②に加え、沸騰したら中火に弱め、セロリの茎がかなり柔らかくなるまで20分ほど煮込む。ローリエを取り出したら生クリームを加え、さらに弱火でことこと煮込む。火から下ろし、少し冷ます。

④ミキサーに③を入れ、なめらかになるまでかき混ぜる。イタリアンパセリを加える。鍋に戻し、必要であれば火にかける。セロリソルトを加えてかき混ぜ、トッピングと一緒に召し上がれ。

Маршалова трпеза

レシピ49：
ティトー大統領のアップルパイ
Titova pita sa jabukama

ティトーはその人生で、21,600種以上の食事を口にしたと言われます。彼こそ本物の美食家です。ザゴルイェ地域やスロヴェニアの料理がお気に入りでした。興味深いことに彼は変わらず忠実に故郷の家庭料理がいちばん好きだったようです。パスタを添えた七面鳥、クラニ（スロヴェニア）のソーセージ、パラチンケなどが好物でした。中でもお気に入りのザゴルスキ・シュトルクリ（ギバニツァに似たチーズパイのようなもの）はリチャード・ニクソンとも一緒に食べたそうです。英国女王はレスコヴァッツのグリル料理を作ったシェフを喝采しました。ティトーはスイーツにはさほど興味がなかったようですが、アップルパイは特別でした。10日のうち7日は食べていたようです。インディラ・ガンディーと一緒にとった歴史的な昼食でも提供されました。これはそのときのレシピです。

●材料
フィロ生地：500g
リンゴ：1kg（4個程度）
砂糖：70g
ひまわり油：150ml
※他の植物油でも可
セモリナ粉：小さじ4
粉末シナモン：小さじ2
粉糖 ※飾り付け用

●作り方
①冷凍のフィロ生地を使う場合は、使用する前日には冷凍庫から冷蔵庫へ移しておく。

②リンゴの皮をむき、すりおろす。油をカップに入れておく。

③フィロ生地を4つの束に分ける。フィロ生地の厚さにより、3〜5枚ずつの束になる。すりおろしたリンゴも4等分する。

④オーブンを200度に予熱する。フィロ1枚を広げて油をハケで塗り、大さじ1杯の砂糖を振りかける。最後の1枚以外、すべてのフィロ生地に同様に繰り返す。

⑤リンゴをフィロ生地の手前1/3部分に敷きつめる。そこに大さじ2杯（お好みでそれ以上）の油をかける。砂糖大さじ2（お好みでそれ以上）、セモリナ粉を大さじすりきり1杯を振りかけ、好みでシナモンを加える。太巻きの要領で生地を巻き、オーブン皿に紙を敷き、巻き終わりの部分を下にして置いて焼く。

⑥残りの3束も同様にする。180〜200度の温度で、皮が薄茶色になるまで40分ほど焼く。

Маршалова трпеза

レシピ50：
ジャクリーンの マッシュルーム
Šampinjoni a la Žaklina

ティトーは建国から亡くなるまで、数多くの国を訪問したことで知られます。とくに非同盟国において最も影響力のある政治家の一人だったため、各国のリーダーが彼を喜ばせるためにどんなもてなしをしたか、興味深いエピソードがたくさん残っています。東側の食事は最高だったと彼は言います。1977年、イランの宴では、このためだけにディオールが特別にデザインしたエキゾチックなテントの中で、デザートを楽しみました。中国ではピータン、メロンに入ったチキンサラダ、フカヒレスープ、焼きスズメ、ローストメロンなど、4000人分ものランチが振る舞われました。西側では、けっして豪華ではないけれど、それでも懸命にもてなしたようです。これからご紹介するのはジャクリーン・ケネディがティトーをもてなしたメニューのひとつです。

●材料（4人分）

マッシュルーム：300g
※傘と茎は分け、茎部分は細かく刻む。

鶏のレバー：300g

にんにく：1片

玉ねぎ：1/2 ※賽の目切り

コニャック：20ml
※ブランデーでも可

無塩バター：30g

オリーブ（緑）：20g
※穴のあいたタイプ

タイム：大さじ1/2 ※刻む

イタリアンパセリ：大さじ1/2 ※刻む

塩コショウ：お好みで

●作り方

①大きめのフライパンでバターを溶かし、にんにくを30秒炒める。玉ねぎを加えて、さらに5分炒める。鶏のレバー、マッシュルームの茎の部分、塩コショウを加えて、目安として15分ほど炒める。

②水分が飛んだら、コニャックを加えてアルコールが蒸発するまで30秒ほど煮詰める。

③オーブンを200度に予熱する。

④ミキサーで②とオリーブ、タイム、イタリアンパセリを混ぜる。混ぜたものをマッシュルームの傘に詰める。

⑤バターを塗った焼き皿に④を並べる。柔らかくなるまで15分焼く。ライスかバターで炒めたホウレンソウを添えて、温かいうちにどうぞ。

Маршалова трпеза

レシピ 51：
レスコヴァッツ風肉だんご
Leskovački uštipci

ティトーは人生の終わりが近づくにつれて、それまで以上に故郷の家庭料理へのこだわりが強くなっていきます。1979年、病状が悪化し、1980年、手術から合併症を引き起こしてリュブリャナの病院に入院し、彼は息を引き取りました。遺体は大統領専用列車で、リュブリャナから旧ユーゴスラヴィアのすべての主要都市を通過し、ベオグラードへ運ばれました。それぞれの都市で人々は、通過する列車に白い薔薇を投げました。葬儀はベオグラードの「花の家」と呼ばれる壮大な霊廟で行われました。そこは旧ユーゴスラヴィアの美術館として建てられ、いまも多くの人が訪れる観光地です。出席した政治家と国の代表の数からしても、歴史上最も大きな国葬だったといまだに言われています。4人の王様、31人の大統領、6人の皇子、22人の首相、47人の外務大臣が参加しました。当時は冷戦時代でしたが、国連に加盟していた128の国から参列がありました。ティトーが亡くなるとまもなくユーゴスラヴィアは解体しはじめました。「輝かしい」ティトー時代を知るユーゴスラヴィア人にとって、悲しい時期でした。

●材料（4人分）
ひき肉：500g
パンチェッタ（ベーコン）：50g
※小さな賽の目切りかみじん切り
ハードチーズ：70g
※小さな賽の目切りかみじん切り
にんにく：2片
※細かく切り刻む
パプリカパウダー：小さじ1
ひまわり油：40ml
※他の植物油でも可
塩コショウ：お好みで

●作り方
①ボウルにすべての材料を入れる。チーズとパンチェッタは塩が効いているので、最後に塩コショウで味を整える。

②手でなめらかによく合わさるまでこねる。1つまみの肉を取り、小さなミートボールの形（やや楕円形）にする。

③グリルに油かラードを塗り、片面3分ずつ焼く。

Геније о храни за дуговечност: Тесла

天才テスラの食事の秘密

　偉大な人間というものは、精神的な賜物と能力という点において、他を凌駕するものである。それはあたかもミツバチが蜜を集めてまわるように、知識を集め、新しい真理を探し出す。それは純粋な博愛精神からするもので、人類を恐怖や飢餓、無知や病気などの弊害からより速やかに救うためである。

ーニコラ・テスラ

　交流電流を発明し、地球に明かりの文明をもたらした一人の科学者がいました。彼は電気技師として、トランジスタ（半導体素子）、蛍光灯、リモコン、無線通信（wifi通信）、電子モーターなど、その発明は5,000以上と言われます。今、世界がここまで文明的な生活をできるのは彼の発明とアイディアがあるからです。

Tesla portrait made of soba noodles

Гeниje o храни за дуговечност: Тесла

テスラの生い立ち

　ニコラ・テスラは現在のクロアチア（当時はオーストリア・ハンガリー帝国）のリカ郡スミリャン村のセルビア人家庭に生まれました。正教会の聖職者である父親と、聖職者の娘である母親の5人きょうだいの4番目として生まれました。子どもの頃から神童と呼ばれ、早くから軍の奨学生として、オーストリアのグラーツで学校教育を受けます。そして、ブタペストの電話会社に勤め、才能を開花します。その後、パリでエジソンの会社に勤めますが、すぐにニューヨークに移り住みます。エジソンに会って、自分のアイデアで仕事をするチャンスを掴むためでした。

　控えめだった少年テスラは、世界的に有名な科学者になりました。しかし、彼は賞をもらったり、認められたりすることは生涯ありませんでした。才能はそれに値していたのですが、テスラは純粋な科学者であり、ビジネスマンではなかったからです。しかし、それはまた別の話。

テスラの若さと健康の秘密

　彼は持病もなく、健康的な生活をし、長生きしました。86歳のときに武器の大量破壊の実験をしている最中に、不可思議な車の衝突により受けたけがが原因で亡くなったと言われています。

　彼はつねに自制心を持ち、その人生を完全に科学へ捧げました。彼は、真の科学者は聖職者のようなものだと信じ、結婚を望みませんでした。自分の「信念」と結婚したのでした。

　テスラは、スリムで健康的でいたい女性のために理想的な食事を発明したと主張しています。しかし、彼の死によって、その発明内容が明らかになることはありませんでした。

　私は、人間の体を機械だとみなし、敬意をもって扱う。きちんと油を入れ、きちんと磨き、サビがつかないように点検する。そこで、私の人生設計の中で最も大事なのは食事である。もし正しい燃料を与えなかったら、機械はきちんと作動しないだろう。

――ニコラ・テスラ

テスラの朝食

秘密1：1日2食
　1日24時間を昼と夜に分ける、または人間の生活を労働と休養の2つに分ける肉体的（物理的）な法則。これ自体は、世界のリズムと調和する1日2食の望ましさ。ひとつの食事は日中のエネルギーを与えるもの、もうひとつの食事は寝ている間に身体に栄養を補給をするもの。

――ニコラ・テスラ

　科学者であるテスラはさまざまな食事の方法を試し、どう身体に影響するか観察しました。日中お腹が空いた時に牛乳を飲み、スープや野菜と果物のすりおろしたものをベースにした液状の食物を摂った後、1日に6回、3回、1回の食事を摂ってみました。その結果、朝食と夕食という1日2回の食事が理想的だと結論づけます。食事を素早くエネルギーに代えることはできないので、昼食は余分だと確信しました。食事をエネルギーに変えるには3～4時間かかり、消化のために脳から血液をうばいます。そして生理的なものより精神的なものにそのエネルギーは使われるのです。

　テスラは、朝食は、働きはじめる2時間前に摂り、その後2時間は休むべきだとも主張します。朝起きたら、身体を作るためのたんぱく質とエネルギーのための脂質が必要です。そこでテスラは朝食にはつねにバターか油を摂っていました。もうひとつの特別なものは卵の白身です。卵の白身には60グレーンのたんぱく質が含まれるのに対し、黄身には40グレーンしか含まれません。黄身は鉄分とビタミンが含まれますが、尿酸を増やす物質も含まれています。チーズはすべての食物の中で最も栄養価が高く、1オンスあたり40～100グレーンくらいのたんぱく質が含まれています。次はある種の穀物で、1オンスあたり3～35グレーンのたんぱく質が含まれます。

リカ地方のドーナツ

●材料（12個分）

プラムのラキヤ：大さじ2
※ない場合はホワイトラムに刻んだドライプラム適量を1時間（一晩だとなおよい）漬けたもので代用可。プラムは取り出す。

薄力粉：500g

ドライイースト：8g
※製造元の指示に従う

砂糖：小さじ1

レモンの皮：レモン半個
※すりおろす

牛乳：400g ※体温の温度

卵黄：2個

ひまわり油：200ml
※他の植物油でも可
※揚げ油用

粉糖：仕上げに

●作り方

①ボウルに薄力粉、砂糖、イーストを合わせよく混ぜる。真ん中にくぼみを作り、卵黄とレモンの皮を加える。木のスプーンを使って、混ぜる。牛乳、ラキヤ、油を少しずつ加え、生地をこねていく。生地がなめらかになるまで10分ほどよく叩く。キッチンタオルで覆い、暖かい場所に45分置く。生地が2倍になるのを目安にする。

②深い鍋に油を入れて、火にかける。箸を油に付け、泡が立ちはじめたら準備完了。

②生地を大さじ1杯取り、油の中にゆっくり丸め入れる。中火で2〜3分揚げ、30秒したらひっくり返す。残りの生地も同じようにする。鍋に一度に入れすぎないように注意する。キッチンペーパーに並べ、余分な油を取る。

②粉糖をまぶして、できあがり。

テスラの夕食

秘密2：米と野菜

　もし、朝7時と8時の間に朝食を採ったら、10時から働き、5〜6時間働きつづけるべきだ。このことは、3時か4時には仕事が終わることを意味する。人は家へ帰り、休んだり、エクササイズをしたり、数時間を好きな時間に使える。それから夜の7時か8時に最後の食事をとる。この時間配分は宇宙の法則に合っているし、労働者をよいコンディションにする。

　　ーニコラ・テスラ

　人生のある時点で、テスラは菜食主義になりました。肉はたんぱく質をたくさん含むけれども、多量の尿酸が代謝を妨げ、リウマチ、関節炎、高血圧やその他の病気の原因になることを発見しました。そこで、肉を食べるのは年に1度か2度にすると決めました。一方魚は、より消化によく、たんぱく質と脂質のバランスもよいということも発見します。

　リンを多く含む肉や魚は、神経系にすぐれているが、脳に供給されると酸性になってしまう。肉や魚は素早くエネルギーに変わるので、労働者にとっては必要不可欠であるが、体が排出できる量よりも取りすぎると、体内で尿酸が増え、人生を縮めてしまう。私たちに大きな力を与えてくれるものではあるが。

　　ーニコラ・テスラ

　一方で、彼は野菜がどんな食事にも不可欠だと考えました。ただ、野菜にはたんぱく質が少ししか含まれません。エネルギーにもなりません。しかし、腸を整え、尿酸を中和します。また、ビタミンと不可欠なミネラル塩を体に供給します。そのうえ、適量の脂質を摂るのに都合がいいのです。米はあまり尿酸を生成せず、すぐに消化されます。

　私は、かなりの量のバターを添えた玉ねぎと刻んだセロリを混ぜた料理が好きである。このコンビネーションは、消化にもよい。私はもう何年もこれで生きている。

　　ーニコラ・テスラ

丸ごとセロリアック マッシュルームソースと丸麦を添えて

●材料（4人分）
セロリアック:1個（約600g）
オリーブオイル：適量
タイム：少々
ローリエ：3枚
にんにく：3片
無塩バター：20g
精白丸麦（スープ用）：100g
玉ねぎ：1/2
マッシュルーム：400g
野菜スープの素：1/4個
生クリーム：70ml
マスタード：小さじ山盛り1/2
エクストラバージンオリーブオイル：適量
海塩、黒コショウ：適量

●作り方
①オーブンを190度に予熱する。

②セロリアックをゴシゴシ洗って、ハケで茎の泥をよく落とす。アルミホイルを二重に敷き、真ん中に置く。

③オリーブオイル、海塩、黒コショウをまぶし、タイムとローリエ2枚を振りかけ、にんにく2片を叩いてつぶして散りばめる。下に敷いたアルミホイルを持ち上げ、くしゃくしゃにしながら、セロリアックをしっかり包む。上は開けたままにしておく。

④溶けたときに全体に行き渡るように、バターはセロリアックの上に乗せ、ホイルの上部分もしっかり閉じる。オーブンで使えるお皿の上に乗せ、柔らかくなるまで2時間ほど焼く。

⑤その間に、丸麦をパッケージの指示通り適切に茹でておく。

⑥玉ねぎと残りのにんにく1片を薄切りにする。大きなフライパンを使い、弱火でオリーブオイルを温め、玉ねぎが柔らかくなるまで10分ほど炒める。

⑦マッシュルームを薄切りにして、こんがり色付くまで⑥に加えて20分ほど炒める。

⑧野菜スープのキューブを細かく砕き、⑦に残りのローリエ1枚を加え、お湯100mlを注ぐ。水分がほとんどなくなるまでぐつぐつ煮る。生クリームとマスタードをかき混ぜて、さらに5分煮る。味付けし、さらに温める。どろどろにならないよう注意する。

⑨オーブンで④が焼き上がる10分ほど前にホイルを開け、そこから2〜3分ごとに溶かしたバターをハケで塗り、色付けをする。

⑩丸麦の水分を切り、塩、コショウ、オリーブオイルで仕上げる。ホイルの中の汁を全部注ぎ、⑧のソースと丸麦、季節の青物野菜を添えてできあがり。

セルビアの味を彩る調味料

アイヴァル（またはアイバル）（作り方は38ページ）
セルビアの既製品を日本で購入することも可能。

商品名：アイバル オリジナル
内容量：350 g
生産国：セルビア共和国
製造会社：Strela d.o.o.
価格：1,150円（税抜）

購入先：株式会社マコトインベストメンツ
住所：東京都新宿区神楽坂2-9　アルファタウン神楽坂3A
URL：http://makoto-delicious.com/
電話：03-5579-8020
ファックス：03-5579-8026
Email:info@bestwines.jp
※ URLの購入ページからのほか、電話、ファックス、メールにて購入が可能です。

ヴェゲタ
乾燥野菜、出汁、塩を合わせた調味料で、バルカン地域（とくに旧ユーゴスラヴィア）で一般的に使われています。日本では、オンラインストアかセレクトショップなどで取り扱いがあります。質のよい鶏、魚、野菜が手に入れば、ヴェゲタを使わなくてよいでしょう。

あとがき

本書を制作するにあたっては、たくさんの方々にお世話になりました。この場を借りて心からお礼を申し上げたいと思います。

Special thanks to...

セルビア共和国ネナド・グリシッチ特命全権大使を始め、在日セルビア共和国大使館スタッフの皆さまには、企画が持ち上がった時から実現に至るまで、多大なるご支援、ご協力をいただきました。イェレナ・ニコリッチさん。彼女のサポートがなくては、始まることも長い旅の終わりまでたどり着くこともできなかったでしょう。東京の家族のような存在のアナ・コンティッチさん。彼女の支えがあったからこそ、困難な時を乗り越えることができました。いつも静かに皆を支える長門ティヤナさんとは、これまでたくさん一緒に料理をし、イベントを主催しました。その経験がこの本につながっています。

また、セルビア大使館で開催したバザーでは、たくさんの方がこの本のためにボランティアスタッフとして関わってくださいました。皆様にも心からお礼申し上げます。

角崎利夫さん、角崎悦子さん。この数年間絶対的な信頼関係で一緒に数多くの文化事業を成し遂げてきました。いつも私たちの支えとなり、お力添えしてくださいます。セルビア文化に無償の愛を注いでくださり、心から感謝しています。

この本の創案者で原動力でもあった古賀亜希子さん。数か月以上に渡り、献身的に翻訳と本書のコーディネートをしてくださいました。愛と寛大な心を持って、一緒にこの本を創り上げてくださいました。

Thanks to my family...

日本とセルビアの文化事業に関わってきた長い期間、特に母と祖父は、寛容な理解を示し、いつも気遣ってくれました。

義理の母であるクセニアさん。何年にも渡って、私にギリシャの家庭料理を教えてくれました。

ずっと私の料理のいちばんのファンでいてくれる主人。日々やる気を起こしてくれたおかげで、私はモチベーションを保ち、料理の腕前を上げることができました。

Thanks to my friends...

近くにいても離れていても常に寄り添い、応援しつづけてくれる大好きな友人たちにも、心からありがとう！

Thanks to Niki's Kitchen...

ニキズ・キッチンのオーナー、棚瀬尚子さん。この数年間、私の料理への情熱とクッキングツアーを支援してくださっています。

東京の小さな私のキッチンで、一緒に料理をし、素敵な時間を共に過ごしてきたニキズ・キッチンの生徒さんたち。皆が私の人生を素晴らしいものに変えてくれました。

Thanks to my grandmothers...

そして最後に、レンカおばあちゃんとドゥシャンカおばあちゃん。私に料理が愛であることを教えてくれました。レンカおばあちゃんが恋しいけれど、私の中で生きつづけています。そしてドゥシャンカおばあちゃんには長生きをしてもらって、これからも料理を一緒に楽しみたいと思います。

Thank you message:

Nothing great is ever achieved alone, therefore I owe a special thank you to Jelena Nikolić, without whose support I would not be able to start nor make it till the end of this journey. To Etsuko and Toshio Tsunozaki and for being the pillars of strength, stability and trust over the years in everything we have done together, for their indestructible optimism and unconditional love towards Serbian culture. To Akiko Koga, the creative mind of this project, for her hard work on translating and coordinating, patience and tolerance and most of all love that she has shown over the months of hard work on creating the content for this book. Embassy of Serbia, HE Ambassador Nenad Glišić and whole staff who have been supporting beyond all expectations during the whole project from the idea making to the final realization. Ana Kontić, for being the family I missed in Japan, for her support, patience and voice of reason when things were the most difficult. Tijana Zdravković, still water that runs deep for everything we have done together cooking and organizing events over the years- it all led to this book. To all the volunteers who have been selflessly contributing preparation and organization of fundraising bazaars. Thank you!

To my family- my mother and grandfather especially who have been sheltering, taking care of me and tolerating me during this period of cultural transition between Japan and Serbia. To my friends for their endless support and love that has kept me going, for always being there for me, no matter how close or far apart we are. I love you!

To Naoko Tanase, who has discovered and supported my passion for cooking and tours over the years. Thank you to my friends and students from Niki's kitchen whom I have grown to be a cook together with, shared amazing moments over the years in the class in my tiny Tokyo kitchen, you have made my life really special! I miss you! This book is dedicated to you.

To my mother in law Ksenia, who has taught me over the years to cook homemade Greek food and my husband who has been the biggest fan of my cooking for many years and has motivated and inspired me to develop.

To my grandmothers Dušanka and Lenka, who have taught me that cooking is love and health comes from the spoon. I miss you tremendously and I hope you are always happy.

Author：著者
Jelena Jeremić：イェレナ・イェレミッチ

Translation and project coordination：翻訳・企画構成
Akiko Koga：古賀亜希子

Photography：撮影
Aleksandar Gazibara：アレクサンダル・ガジバラ（主な料理写真）
Mihajlo Karanović：ミハイロ・カラノヴィッチ
Jelena Jeremić：イェレナ・イェレミッチ
Akiko Koga：古賀亜希子
Kiyoko：キヨコ
Dragana Vasić：ドラガナ・ヴァシッチ
Mihajlo Trajkoski：ミハイロ・トライコスキ

Illustration：イラスト
Marijana Anđelić：マリヤーナ・アンジェリッチ
Nataša Radosavljević：ナターシャ・ラドサヴリェヴィッチ

Supporters：協力
Embassy of the Republic of Serbia in Japan：在日セルビア共和国大使館
Japan Serbia Society：日本セルビア協会
Makoto Investments,Ltd.：株式会社マコトインベストメンツ
New Free Look LS doo：New Free Look LS 株式会社
Niki's Kitchen：ニキズキッチン
Chihaya Oyaizu：小柳津千早
Noriko Hashimoto：橋本典子
Boško Đuričković：ボシュコ・ジュリチュコヴィッチ

Publication：発行
Association for music exchange between Japan and Serbia：セルビア日本音楽交流推進の会

著者略歴

Jelena Jeremić：イェレナ・イェレミッチ

1985年ベオグラード生まれ。2009年から8年間東京で暮らし、自宅でセルビアやギリシャの家庭料理を教え、人気講師となる。2014年には「Taste of the Balkans」というプロジェクトを立ち上げ、現地の食文化を紹介するクッキングツアーを開催。料理だけにとどまらず、民族舞踏の指導など日本とセルビアの各種文化交流にも尽力してきた。現在はベオグラード在住。

ウェブサイト　　　www.tasteofbalkans.com
メールアドレス　　taste.of.balkans@gmail.com

イェレナと学ぶセルビア料理
2018年12月5日　初版第1刷発行
著者　イェレナ・イェレミッチ
発行　セルビア日本音楽交流推進の会
発売　ぶなのもり
〒333-0852　埼玉県川口市芝樋ノ爪1-6-57-301
TEL.048-483-5210 FAX.048-483-5211
Mail. info@bunanomori.jp
Web http://www.bunanomori.jp

Ⓒ 2018. Printed in Japan ISBN 978-4-907873-04-2